U0553884

小学整本书阅读教学实施方略

大夏书系·阅读教育

李怀源 著

华东师范大学出版社
ECNUP
全国百佳图书出版单位

图书在版编目（CIP）数据

小学读整本书教学实施方略 / 李怀源著．—上海：华东师范大学出版社，2019
ISBN 978－7－5675－9965－9

Ⅰ．①小… Ⅱ．①李… Ⅲ．①阅读课—教学研究—小学 Ⅳ．① G623.232

中国版本图书馆 CIP 数据核字（2020）第 007481 号

大夏书系・阅读教育

小学读整本书教学实施方略

著　　者　李怀源
责任编辑　卢风保
责任校对　殷艳红
封面设计　奇文云海・设计顾问

出版发行　华东师范大学出版社
社　　址　上海市中山北路 3663 号　邮编　200062
网　　址　www.ecnupress.com.cn
电　　话　021－60821666　行政传真　021－62572105
客服电话　021－62865537
邮购电话　021－62869887　地址　上海市中山北路 3663 号华东师范大学校内先锋路口
网　　店　http：//hdsdcbs.tmall.com

印 刷 者　北京密兴印刷有限公司
开　　本　700 × 1000　16 开
插　　页　1
印　　张　18
字　　数　259 千字
版　　次　2020 年 4 月第一版
印　　次　2021年1月第三次
印　　数　9 101-12 100
书　　号　ISBN 978－7－5675－9965－9
定　　价　55.00 元

出 版 人　王　焰

目录 CONTENTS

第二章　读整本书教学设计

第四章　指向阅读策略的读整本书教学

第五章　指向阅读能力的读整本书教学

第六章　指向阅读素养的读整本书教学

序一

PREFACE

漫长阅读历程的新探索

前些天，刚刚拿到怀源新出版的《每个孩子都能学好语文》一书。没过几天，怀源告诉我，他关于“读整本书”的著作又要出版了，希望我能够写个序。他告诉我，请我写序是一件“蓄谋已久”的事情。

怀源是我的老朋友，是我们新教育学科书目的重要研制专家，也是民进会员和叶圣陶研究会的理事，这些身份让我和他有着很多接触。同时，关于整本书阅读，新教育实验已经做了大量的工作，我的确也有一些话要说。

中国的整本书阅读，从思想到行动，从个体探索到大规模推动，迄今有着漫长的历程。整本书阅读的思想，早在上个世纪我们民进的老前辈叶圣陶先生就已经提出。整本书阅读的研究，也日趋风起云涌，比如2009年4月怀源就以“叶圣陶‘读整本书’思想研究”为题完成了硕士学位论文，新教育实验则为推动整本书阅读的规模化实践，进行了长达十余年的努力。

在我发起新教育实验之前，早在1993年担任苏州大学教务处长之际，就因深切感受到整本书阅读的重要，在苏州大学率先推出了学生必读书计划，取得了良好反响。2002年，在第一所新教育实验学校挂牌启动之际，我们就把“营造书香校园”作为十大行动之首，整本书阅读就已经成为实验的基石。其后，在2007年山西运城的新教育年会上，我们提出了“共读共写共同生活”的阅读主张，推出了促进儿童整本书阅读的“小学生阅读包”等，进一步把整本书阅读科学化、课程化、规范化。可以说，在整本书阅读的探索上，新教育实验取得了极其丰富、卓有成效的经验，也留有许多缺憾，无数新教育同仁还在进一步耕耘。

近年来，整本书阅读一下子“火爆”了起来。除了包括新教育人在内的诸多同好在理论和实践上的探索行动之外，最重要的“推手”无疑是2017年新出台的《普通高中语文课程标准》。这个课程标准开宗明义提出的第一个学习任务群，就是“整本书阅读与研讨”。此任务群的学习，贯穿高中语文课程必修、选择性必修和选修三个部分，在高中语文中，整本书阅读具有不可替代的核心作用。课程标准虽然是高中的，但是由于与高考息息相关，必然倒逼初中和小学语文课程的改革，中小学的整本书阅读就此火了起来。

虽然整本书阅读正在逐渐成为大家的共识，但在具体推进的过程中，还有一些问题需要进一步厘清与完善。

比如，关于整本书阅读，究竟应该读哪些书？读什么，是阅读首先必须回答的问题。阅读的高度决定了精神的高度。我们应该读什么，虽然本身也是仁者见仁、智者见智的事情，但在原则上，我们还是要有根本性共识。即使是教育部新课标推出的书目，也存在“没有根据学生的认知特点来相应推荐书籍，特别是低年级没有绘本必读书目”等方面的缺陷。新阅读研究所研制的《中国小学生基础阅读书目》《中国初中生基础阅读书目》和《中国高中生基础阅读书目》，是目前相对公认的权威书目，也有一个需要不断完善更新的问题。

整本书阅读的实际操作层面，也存在不少问题，比如不同角色在阅读中的自我定位。怀源希望立体解决整本书阅读的问题，这样的构想是有必要的。我认为，在整本书阅读的过程中，教师的职责与其说是“教”，不如说是“领”：教师就像一个优秀的导游，为学生补充适当的背景知识，又让学生享受自己探索的快乐；教师就像一个成熟的领跑者，陪伴学生奔跑一段路程，让学生超过自己跑得更快。当然，除了教师之外，学生乃至父母在整本书阅读中的定位问题，也需要进一步厘清与界定。

又如，整本书阅读的评价问题。整本书阅读备受青睐，归根结底还是因为高考指挥棒的关系。但是，如果整本书阅读缺乏可操作的科学指标和评估方法，就会发生评价的偏差，评估导向就容易应试化，就容易侧重某些具体的知识点。如何推动整本书阅读的评价优化，促成对理解力、思维力乃至创造力的提升？这仍需要深入细致地研究。

真正的阅读，是一个颇有些神秘的建构过程。新教育的十大行动之首“营造书香校园”，在新的背景下，已经有了新的内涵。我们希望结合学校的文化传统，关注每个人阅读之前的经历与储备，关怀阅读过程中生发的不同感受，关心阅读何以才能激发出更多创造。通过整本书的共同阅读，把最美好的童书给最美丽的童年，真正创造共同的价值与愿景，这是我们的梦想。

怀源结合多年的探索，希望为小学“读整本书”提供全方位、立体化的解决方案。从书中我们可以看到他的探索是有效的。对教师而言，如何进行教学设计，如何把课进行功能定位，怀源都做了回答，并且提供了12本书的教学案例，每一个案例都增加了和读者互动的部分——不只是听怀源讲，而且要建构自己的整本书阅读体系。

作为新教育的参与者和实践者，怀源的书虽然没有更多展示新教育的相关探索，但我相信，这本书会进一步丰富、完善整本书阅读的理论和实践，我也相信，怀源会以此为新的起点，为新教育实验整本书阅读的理论创造和实践探索，做出新的贡献。

朱永新

2019年5月14日晨写于沈阳

序二 PREFACE

我看读整本书教学

怀源在新书出版之前，将全文电邮给我过目，并邀我写篇序文，当然义不容辞，却也勾起了几许的思绪。

在上个世纪末期，因应时代的变化，兴起了教育改革的浪潮，所谓教育是一切的根本。从佐藤学、萨尔曼·可汗（Salman Khan）、麦尔荀伯格（Viktor Mayer-Schönberger）、肯·罗宾森（Ken Robinson）、保罗·塔夫（Paul Tough）、丹尼尔·高曼（Daniel Goleman）、彼得·圣吉（Peter M.Senge）等人的论述与实践可以发现，课堂教学已逐渐转化为以学生为中心——所谓的翻转教室。更由此演化出所谓国际性的"核心素养"教育。核心素养的教育，最重要的三个因素是：以学习者为中心、注重个别差异化、生活中的实践及运用。

而在教育改革中，最重要的课程当属语文，因为语文学习是各科的基础。语文的内容包括听、说、读、写，而又以读（阅读）为主，教学的重心经历了从"学科知识"到"基本能力"再到"核心素养"的转变。目前，义务教育的小学课程中，除必修的基础型课程中的语文课（课内阅读课），还有拓展型课程和研究型课程（选修的课外阅读），更有学童自主的课外阅读。

在教育改革与阅读教育的推波助澜之下，基础教育界的语文教师可以说人才辈出，在教学实践中更是结出了丰硕成果，而怀源即是其中之一。

与怀源可以说是忘年之交，自认识以来，交谈皆以语文、阅读为主。本人自1971年以来，亦是以语文、儿童文学为专业，因此相谈甚欢。怀源除致力于现场教学外，更着力于教学背后理论的建构。这本书，主题是读整本书教学，是他继早期“单元整体教学”之后的教学理论与实践的成果，前后花了13年，也是国家社会科学基金教育学一般课题“基于核心素养的小学读整本书课程实施与评价体系研究”（BHA160150）的成果。本书自成体系，可以说理论与实务兼具，颇具开创性，其间或许仍有所不足，有待后续者。

个人认为，就阅读而言，可注意者有二。第一，必须了解课内、课外之别。课内阅读是课程之必须，学生无所选择，而课外阅读则是学童自主阅读与发展天赋的契机，千万别课内、课外不分。第二，阅读不只是语文老师的事，也是其他各科老师的事。怀源在此二者皆有突破，一是规范阅读与自由阅读并重，二是自2012年以后就把阅读推广到小学的各个学科。

就教学而言，必须落实于课堂与学生。常见名师教学演示，不是流于做大就是做细，有时更是炫才与炫技。教学演示要有课时的设计，使观摩者看到流程，所谓“鸳鸯绣出凭君看”，要把金针度与人。否则只用一个课时教完，只顾炫才与炫技，观者雾里看花，无济于教学。至于做大、做细，更是教学的大忌，教学的基础在于保底，至于上不封顶则主要依赖学生的自主学习，不是老师的职责，否则陷多少学生于泥淖。怀源致力于各种课型的建设，就是希望学生能够自主阅读。

孩子是学会的，而不是教会的，教育的意义在于：

学会学习，学会生活。

更要了解的是：

人能弘道，非道弘人。

林文宝
台东大学荣誉教授

序 三 PREFACE

读整本书教学再出发

我和怀源认识将近20年了。这些年来，不管别人在做什么，他一直坚持做他认为值得做的事情。我所知道的有单元整体教学、读整本书教学、叶圣陶思想研究，他在这三方面都小有成就，让我们看到了持续研究产生的效果。

怀源一直说，在读整本书教学方面，我是他的老师。老师显然不敢当，但是，确实在读整本书教学方面和他有过很多次的探讨，可能对他产生了影响。

2005年12月，曾经在怀源所在的德州跃华学校举办“全国首届班级读书会”。在这次会议上，我执教《我有友情要出租》，蒋军晶执教《草房子》，怀源执教的是《亲爱的汉修先生》，作家王一梅、阅读推广人萝卜探长分别做了演讲。这是国内第一次以整本书的“班级读书会”为主题进行的教学研讨活动，无疑对后面的怀源的读整本书教学的探索产生了奠基作用。

这个作用在怀源的硕士论文《叶圣陶“读整本书”思想研究》中也可以看出，他的这篇论文成于2009年4月。当时，他在首师大读书，我在人教社，我们多有交流。当时一个网站要做图书的分类工作，很多书就放到怀源的宿舍里去，由他分类，填写关键词，确定所对应的年龄阶段。其间，他把叶老的读整本书拿出来写硕士论文，是因为之前已有几年的实践探索，据我所知，他先后实施过《活了100万次的猫》《特别女生萨哈拉》等多个年段的读整本书教学。那段时间，我想组织大家编写关于整本书教学的指导用书，刘芬负责低年级，怀源负责中年级，蒋军晶负责高年级。我们打磨了编写框架、体例样张，怀源带领学校的老师组织编写。虽然这套书最终没有出版，但因为在实践中的探索，怀源对读整本书教学的理论产生了兴趣，才有了他后面的硕士论文。

后来，我也多次邀请他在"中国儿童阅读推广人论坛""中国儿童分级阅读研讨会"上上课或演讲，了解了他在学校进行读整本书教学的探索路径。2009年7月，我和赵镜中教授、宋旭老师在浙江千岛湖举办首届"儿童阅读研习营"，怀源作为首届学员参加了此次研习活动，从台湾老师的读整本书教学经验中获益匪浅。这个活动共举办了10届，后面9届怀源都是以导师的身份参与，要么上课，要么讲座，每一年都能带来他的一些新思考。

所有的研究一定是不断思考与实践的过程，是向他人学习，也自我建构的过程。怀源当然也不例外。可贵之处在于，在实践的基础上他总试图去探索一点儿规律，希望给更多的老师以借鉴。这和他多年在教学一线的工作有密切的关系。

现在摆在我们眼前的书，是怀源努力把教学实践与理论建构融合在一起的作品，同时又希望把理论与实践的结合转化成可以推广使用的"解决方案"。希望每一个和阅读有关的人，都能清晰定位，也要有自己的角色担当。尤其值得关注的是，过去我们更多强调大人的作用，希望通过教师和家长的努力，让儿童会读书，爱读书；怀源希望学生自己会读书，爱读书，充分发挥主动性，运用自己的智慧，勤奋地阅读，实现"自能读书不待他人推"的境界。这是阅读推广的目的，也是阅读推广的智慧。

书中既有他多年积淀的读整本书教学范例，也有他在实践的基础上总结提炼的读整本书教学经验。书中增加的互动部分，让读者很有角色感：可以和作者互动，不能只听作者说，也要有自己的思维参与、价值判断。从这个角度来看，怀源展开了一种新的教学过程，希望读者能够深度参与，并且学有所得，学有所成。读者在读书的时候，千万不要抱着信从的态度，而应该抱着自我建构的信念，读怀源的书，修自己阅读的路。我想，这也是怀源想看到的。

这本书，历时几年，源自实践，但是还有探索的空间，不一定适合每所学校、每位教师、每个家长、每名同学。我希望，大家于其中看到的是一种实践思路，而不是照学照搬。我希望读者都在站在怀源的研究基础上，以自己的实际情况为思考点，不断地研究实践，超越怀源，我认为这也是他希望看到的。

我相信，这本书不是怀源探索的终点，而只是他研究和实践的新的起点。我相信，他在未来的实践中，仍然会不断探索，不断超越，实现新的目标。我听说，他带领团队，按照整体的学习情境、具体的学习任务、可见的学习成果等要素，编写了统编教材推荐的相关书目的读整本书学习手册，他希望通过学生端的产品，改善读整本书教学。

让我们共同期待怀源在读整本书教学领域探索出更多的成果。

王　林
人教社少儿读物编辑出版中心主任
儿童文学博士

前言 FORWORD

读整本书教学的价值与意义

1941 年，叶圣陶在《论中学国文课程的改订》中提到:“把整本的书作主体，把单篇短章作辅佐。”1949 年，叶圣陶在《中学语文科课程标准草稿》中这样表述:“中学语文教材除单篇的文字而外，兼采书本的一章一节，高中阶段兼采现代语的整本的书。”由此可见，叶圣陶早在 20 世纪 40 年代就提出了“读整本的书”的观点。

顺着这条线再梳理，发现顾黄初先生在 20 世纪 80 年代就已经注意到叶圣陶“读整本的书”的思想，发表了题为“提倡读点整本的书——叶圣陶语文教学思想研究”的论文，且作为叶圣陶语文教学思想研究九篇文章的第一篇，可见他对这一命题的重视。

2001 年颁布的《全日制义务教育语文课程标准（实验稿）》在教学建议部分有这样的表述:“培养学生广泛的阅读兴趣，扩大阅读面，增加阅读量，提倡少做题，多读书，好读书，读好书，读整本的书。”可见，读整本书已引起语文课程标准制定者的重视。

在今天，阅读已经成为全世界范围内都在讨论的主题，阅读活动也已经从婴幼儿阶段就开始了。小学阶段进行整本书阅读不但成为可能，而且成为必须做的事情。因此，重新审视读整本书思想的理论和实践意义，并做进一步的理论和实践探索，将对培养学生的阅读素养发挥积极作用，对于整个民族文化的理解与传承也至关重要，可以促进整个社会文化水平的提高。

研究读整本书是我们今天应当承担的历史使命。顺着读整本书的脉络做一番探索，显然是一件有意义而且有意思的事情。读整本书在中国已有很长的历史，因此，需要在中国文化这个大背景下研究读整本书。讨论中国文化背景下的读整本书，就一定要和中国哲学、中国美学、中国传统教育、汉语的构成特点、学生的学习方式等联系起来进行细致的研究，这样才能够了解读整本书对一个学习者的文化意义和生存意义。

读整本书的意义只有在教学实践中被激活才能充分发挥其能量。这种教学实践应该是在学校中进行的，是师生共同参与的，应该从整本书的选择、如何指导阅读等方面进行系统的梳理。读整本书教学的实践，一定是先从教师开始的，能从一本书中收获一些意义，收获一些教育的元素，这是教育者的一项重要能力。语文教师要善于把一本书带进教室，和学生共同阅读，共同探讨。不支持、不引导学生阅读的语文教师肯定不是一个好的语文教师。

读整本书教学的实践，需要经历从“人物分析”“情节研究”到“阅读策略指导”“阅读能力培养”再到“阅读素养提升”的过程。

我进行读整本书的教学实践已经13年了，在大大小小的研讨活动中，执教过20本以上的整本书。慢慢地，我被“大同小异”的教学方法所困扰：不同书籍的班级读书会，只是人物不同、情节不同、讨论的问题不同；拘泥于整本书的角色、情节，只会让每一本书成为一个故事，学生记住的只是故事情节和人物特点，对学生的作用是相同的。随着阅读能力的提高，学生对千篇一律的班级读书会的方式也会产生“厌倦”，不能真正地做到有所思考。我的读整本书教学总是单向循环的原因是目标不清，且总被书的内容所限制。如何进行突破？我认为需要做好以下四个方面的工作。

1. 教学目标指向阅读素养

教师设计班级读书会的时候，要有清晰的目标。这个目标是指向学生的阅读素养的。国际阅读素养分为以下五个方面：能够理解并运用书写语言的能力；能够从各式各样的文章中建构出意义；能从阅读中学习；参与学校及生活中阅读社群的活动；能够由阅读获得乐趣。有了目标，就能跳脱出书的内容，不局限于书中人物性格的讨论，不局限于主题的提炼与生发。

对学生而言，也要有清晰的目标，要知道怎样阅读，怎样通过阅读进行思考和学习。学生有了目标，就会经常反思阅读过程，总结阅读经验。

2. 教学内容指向学生活动

教师有了清晰的阅读素养目标，学习内容就不再是一本书了，而是完成一个或者多个学习任务。教师需要把一本书的内容演变成学习活动，为学生提供学习的可能性。学生喜欢的是学习活动，参与活动才能产生切身的体验。教师可以设计做"人物卡"、绘制"故事地图"等活动，让学生能够在亲身参与的过程中获得发展。

3. 教学实施指向课型划分

改变千篇一律的状态，除了选择阅读不同类型的书外，还需要在目标明确的前提下把阅读课进行课型的划分。我把阅读课分为阅读思维课、阅读策略课、阅读实践课、阅读分享课、阅读欣赏课、阅读体验课和自由阅读课等。阅读思维课是培养学生多角度思维的课型，如从多个角度评价一个人物、为故事设计不同的结局、从不同人物的立场叙述同一个故事。阅读策略课是教学生阅读策略的课型，如对于怎样阅读一本书，可以从看封面、读目录、读细节等方面来组织教学。阅读实践课是让学生实践阅读策略的课型，让学生运用学习过的阅读策略读一本新书，然后进行交流讨论。阅读分享课是以学生分享自己的阅读收获为主的课型。阅读欣赏课是从不同角度对一本书进行赏析的课型，如人物塑造、情节架构、语言特色等。阅读体验课是让学生相互交换图书，体验不同性别、不同性格的人的阅读喜好的课型。自由阅读课是学生从自己的实际需要出发，进行自由阅读的课型。

在这些课型中，自由阅读课应该是阅读课的主体，这样能保证学生在阅读实践中不断提高阅读能力。

4. 教学评价指向学生发展

从教师的角度而言，应该评价学生的阅读素养和阅读能力。那么，如何进行评价呢？一是在阅读的过程中，考查学生对问题的理解程度。二是通过一定的纸笔测试来实现，如：通过“找一找……”的题干，考查学生提取信息的能力；通过“为什么……”的题干，考查学生整合解释的能力；通过“我认为……”的题干，考查学生反思评价的能力。三是学生自主分享，通过完成项目作业的形式，如设计一本书的推荐海报、写一本书的书评等，来考查学生阅读素养的发展水平。

从学生的角度而言，应该能够对自身的阅读进行反思和评价。一是能够评价书中内容；二是能够评价自己的阅读过程；三是能够评价自身的发展。

阅读素养的教学对我而言是确定的一个美好的方向，如何把阅读素养落地，变成学生身上可以看得见的实际获得？经过不断探索，我把读整本书教学集中于学生的“思维”和“表达”这两个方面的能力培养上。

本书中，我只列出了自己阅读教学实践的“个案”，希望大家在看到我的实践路径的同时能够有所启发。本书选取了12个典型课例，时间跨度为8年，最早的一篇是2010年4月的，其他都是2014年以后的。这些课例反映了不同时期我的思考和实践，也在反复表达着同一个主旨，那就是在读整本书的过程中不断发展学生的思维和表达能力。

在选取的12个课例中，《不老泉》的导读课是我从关注阅读内容向关注阅读策略转型的关键课例，为我以后从研究阅读策略向研究阅读素养的教学发展奠定了基础，具有承上启下的作用。

这12个课例并没有按照时间进行排列，而是按照“指向阅读经验”“指向阅读策略”“指向阅读能力”“指向阅读素养”四个角度来编排的，“指向”的意思是向着这个目标，是有所侧重的，但它们并不是截然分开的。

在十几年的读整本书教学实践中，我一直试图突破，希望通过读整本书给学生带去更多的思考。这个过程是极有意义的，让学生在班级读书活动中学会阅读，并且通过阅读去学习，这才是读整本书教学的价值所在。

李怀源

2019年9月10日

第一章　如何引导小学生读整本书

CHAPTER 1

本章导读

读整本书教学，教师首先关心的还是选择什么书。那么，好书的标准究竟是什么呢？好书，就是能够让学生阅读后有多方面收获的书。

一本书拿到课堂上来教学的时候，这本书就变成了教材，就会具有一种功能性，而教师通过这本书，想要学生从中学得什么，就需要教师自己选择并进行有策略的引导。

读整本书教学时，教师们心中一定要有学生，要思考学生的原有基础，发现他们阅读的生长点。教师要根据书的文体特点进行教学设计，把书中最重要的部分拿出来与学生分享。

阅读本身是有规律的，不管是《如何阅读一本书》中提出的阅读阶段——基础阅读、检视阅读、分析阅读、主题阅读，还是国际阅读能力测试考查的阅读素养——提取信息、直接推论、形成解释、反思评价，都是教师教学时要关注的。

对读整本书教学的评价，除了评价学生的阅读素养，还应该评价阅读的过程，教师应该具有评价的意识，也要培养评价阅读素养的能力。

读整本书是为了促进学生的整体发展，教学实践中一定要明确读整本书对学生的意义。

国际阅读素养大致包含以下几个方面：（1）能够理解并运用书面语言的能力；（2）能够从各式各样的文章中建构出意义；（3）能从阅读中学习；（4）参与学校及生活中阅读社群的活动；（5）能够由阅读获得乐趣。为什么把能力放在第一位，而没有把兴趣放在第一位？那是因为学生只有具备了阅读理解和运用语言的能力，才有可能对阅读产生兴趣，学生如果不能通过阅读获得相应的能力，将逐渐失去对阅读的兴趣。

因此，读整本书的教学目标应该大体分为以下几个方面：（1）能够从书中建构意义，加深对书的理解；（2）能够提高对语言文字的理解和运用水平；（3）能够获得阅读经验，积累阅读方法；（4）能够提升阅读能力；（5）能够通过阅读去学习。明确了这样的教学目标，学生在选书、用书、进行读书讨论的时候，就不会单纯地陷入书的内容和意义之中了。

第一节
整本书的选择

供学生阅读的整本书，应该以教科书的标准来进行选择，注意到年段特点，突出整本书的整体育人价值。

一、整本书选择的原则

（一）总体原则

叶圣陶提出：“学校里课程的设置，通常根据三种价值：一种是实用价值，一种是训练价值，还有一种是文化价值。”[①] 把整本书阅读作为学校语文课程实施的一部分，可以从三个角度来选书：能够增长学生知识的；能够锻炼学生阅读能力的；能够开启智慧、启迪心灵、传承文明的。这是整本书选择的总体原则。虽然能够根据这三个角度选择出要读的书，但选择的书往往兼而有之，根据需要确定阅读的方向即可。

（二）具体原则

1. 书的来源

书从哪里来？“只要你存心要读，究竟还不至于无书可读。学校图

① 叶圣陶 . 叶圣陶集（第 13 卷）[M]. 南京：江苏教育出版社，2004.

书室中不是多少有一些书吗？图书馆固然不是各地都有，可是民众教育馆不是普遍设立了吗？藏书的人（所藏当然有多有少）不是随处都可以遇见吗？各就自己所好，各就各科学习上的需要，各就解决某项问题的需要，从这些处所借书来读，这是应该而且必须做的。”[①] 叶圣陶似乎早就看到有些教师或学生会有无书可读的问题。现在条件好了，书可以借来读，也可以买来读。书的来源不应该成为阻碍读整本书的借口。就像叶圣陶所言，只要你有心读就会有书可读，关键问题是你有没有读的信念。

2. 质的甄别

选择阅读的书的质量会影响到阅读的质量。叶圣陶提出语文教师要创作适合儿童阅读的书，他自己也是这样做的。现在的教师虽然不必为儿童去创作，但在选择阅读的书时，要选择适于学生阅读的书，要选择学生喜欢读的书。在培养了学生的阅读兴趣和阅读习惯以后，教师可以选择对学生而言有点儿难度的书。

当然，不能只选择文学类的书，也不能只局限于一个国家的书，还应该有传记类、历史类、自然科学类的书。无论怎样选择，都要符合儿童的年龄特点，符合儿童阅读的普遍规律。

二、现行图书的选择方式

现行图书种类繁多、内容丰富，所以在选择适合学生的图书时要精挑细选。选择图书应该本着东西合璧、古今结合的原则，可以根据书评人的推荐来选择，不过最主要的标准还是要看学生是否喜欢。教师在选书进行教学以前，自己一定要提前读一读，合适的再推荐给学生。

不同的出版社和书评人推荐阅读的书目是不同的，都有一定的局限性。这时，可以选择在这些书目中都出现的书让学生阅读。如果学生的阅读欣赏能力已经提高了，就可以采用学生兴趣、教师选择、作品价值

---

① 叶圣陶．叶圣陶集（第 13 卷）[M]. 南京：江苏教育出版社，2004.

三结合的方式来选择图书。

选择读物，师生必然经历一个自我判断的过程。编著的选本作者多样，形式有变化，适宜刚刚开始进行整本书阅读的学生使用。很多选本已经在节选时列出了出自哪些著作，教师在学生已经能读好选本的基础上，可引导其读整本原著。

教师可以联系课文内容，进行延伸阅读。如读完《秋天的怀念》以后，可以读史铁生的作品集；学习了某个主题单元以后，可以选取同步读本或者各种选本进行阅读；学习了课本上的儿童诗以后，可以读《绿色的太阳》等儿童诗选；读完一些散文后，可以读《远方的小星星》等美文选。

有时又可以灵活些，由教师自己决定读哪些书。如学习了人教版实验教科书五年级下册第七单元的“作家笔下的人”，可以引导学生阅读《小兵张嘎》《红楼梦》《儒林外史》《百万英镑》等名著，这些都是与课文内容有联系的名著，属于由课内引向课外的延伸阅读；也可以选取《小王子》《毛毛》《爱德华的奇妙之旅》《长袜子皮皮》《彼得·潘》中的任何一本引导学生阅读，看作者是如何表现人物形象的，这是表达方式上的延伸阅读。

三、整本书的数量选择

师生要共同阅读一本书，这样才有利于教师进行阅读指导。那么，究竟学生一个学期要读多少本书才比较合适呢？叶圣陶所说的一学期两三种，应该指的是师生同读的量，学生课下自由阅读的书是不包含在内的。

阅读数量不能强求统一，要根据学生的实际情况而定。一、二年级学生的阅读能力有限，开始的时候是教师大声给学生朗读，读书的数量反而会多一些，一学期下来，阅读的图书可能有十几本。到了三、四年级，为了培养学生良好的阅读习惯，教给学生正确的阅读方法，可能阅读的速度会慢一些，选的书也会少一些，一学期有两三本即可。五、六年级的学生的阅读能力已经有所提高，阅读速度也快了，能够读得更多一些，范围也更广一些，基本能做到一个月读一本，那么一学期就可以读四五本。当然，这是师生同读的数量，不包括学生自己自由阅读的书。有了阅读兴趣和阅读能力的学生，读书的数量会更多一些。

在研究多种阅读材料和多种阅读理论的基础上，立足于学生的阅读兴趣和阅读期待，以发展学生的阅读能力和阅读策略为目标，为学生建构阅读课程体系，以促进学生在阅读中发展思维，获得阅读能力。阅读书目可分为必读书目和选读书目。必读书目又可分为“文学”“科学与数学”“人文与艺术”三个类别。一年级至二年级每学期 7 本，“文学”类 3 本、“科学与数学”类 2 本、“人文与艺术”类 2 本；三年级至六年级每学期 9 本，每一类各 3 本：共计 100 本。阅读是提升学生核心素养的重要途径，学生获得的“营养”应该是均衡、持久的。

总之，供学生阅读的整本书的选择主要包括数量、质量和类别的选择。数量的选择，要根据学生的年龄特点和学校的具体教学情况。质量的选择，要遵循质量第一的原则，从故事情节、语言特色、思维特点等方面进行选择，要保证学生阅读的整本书是高质量的。类别的选择，就是要区分不同类别的书，学生的成长背景不同，喜欢的领域自然不同，学校应该从文学、科学、艺术等不同角度选择阅读书目，为所有学生提供丰富的图书，有了丰富的图书资源，才能为学生的阅读提供多种可能性。

选择图书必然要经历一个自我判断的过程，需要师生共同进行判断。因为读整本书需要师生同读一本书，所以，学校可以按照确定的标准和原则，为学生提供足够数量的整本书，也可以由学校指定书目，让学生自行购买相同版本的图书。要培养学生自主选择图书的能力，就要切实地让学生参与到整个阅读过程中来。

第二节
读整本书教学的指导

“略读教材若是整部的书，每一堂略读课内令学生报告并讨论阅读那部书某一部分的实际经验；待全书读毕，然后令作关于全书的总报告与总讨论。”[①] 讨论是整本书阅读指导中的重要环节，不但能深化学生对书籍的理解，还能培养学生持久的阅读兴趣。组织学生进行整本书的讨论，应该从情节入手，关注学生的兴趣，关注情感的熏陶。读整本书，关键是整体，在讨论交流的时候，不能因为个别地方的处理而忽视了整体，既要关注学生的个性体验，又要挖掘细节，加深学生对整本书的理解。

一、按照学生的年龄特点进行指导

对于低年级的学生，教师应当先读给他们听。当学生有了一定的阅读能力，能够借助拼音阅读的时候，教师要及时放手，让学生感觉自己可以像大人一样进行阅读了，从而产生成就感，维持持久的阅读兴趣。阅读讨论的重点应该是情节、人物、阅读兴趣等，可结合作品联系生活，话题有“从书里找生活的影子”“从书里找自己或别人的喜好”“找出书中人物特别的地方”“聊一聊送礼物的想法”等；或者进行语文学

① 叶圣陶 . 叶圣陶教育文集（第 3 卷）[M]. 北京：人民教育出版社，1994.

习延伸，话题有“把故事加长”“从阅读中学习新字词”“找出书的特点”“好书介绍”等[①]。

中年级的学生完全能够自己阅读。教师应该设计读书报告单，帮助学生把握读物的主要内容，同时引导学生发现读物中的细节，让学生能够关注到人物的心理变化等。讨论的重点在于细节和从中体会到的情感，如“聊故事里好笑的情节”“谈一些与众不同的人”“从不同的角度看书中的人物”等。也可以谈论语文学习，如“从两个不同的角度看一本书”“了解自己的阅读策略和阅读困难”“谈描写声音和色彩的语词和比喻”“谈两种不同的拟人法”“谈论描写老人或一个特别的人的方法”“讨论描写做事过程的写法”“谈作者特别的语气”等[②]，让讨论变得角度多样，使阅读活动丰富多彩。

针对高年级的阅读，教师可以设计稍微复杂的读书报告单，也可以让学生自行设计读书报告单。教师可以引导学生对深层次的问题进行讨论，如“比较同一个作家的不同作品”“探讨一些与众不同的作品”“比较自己的童年和作者的童年”“谈饮食文化以及相关的语词”“谈老人与小孩的关系”“探讨奇幻小说和魔法小说的特色”等[③]。

二、按照读物的特点进行指导

小学阶段的读物的主要体裁有图画书、童话、儿童诗、散文、小说、科普作品等。图画书、小说一般是整本书，而童话、儿童诗、散文和科普作品往往以“集”的形式出现。不同的体裁有不同的特点，教师要根据体裁的特点进行阅读指导。

图画书并非只有低年级的学生才可以读，整个小学阶段的学生甚至成人都可以从图画书中获得启发。图画书可以分为无字图画书和有字图画书。无字图画书可以直接让学生阅读，让学生通过读图读懂故事，受

---

① 黄荣村 .《童书三百聊书手册》[M]. 台北：启耀印刷事业有限公司，2001.

②③ 同上。

到感染。故事情节比较曲折的有字图画书，像《你看起来好像很好吃》，教师可以边出示图边讲故事，在故事的紧要处可以停下来，让学生进行想象和思考。而像《我的爸爸叫焦尼》这样情感性比较强的图画书，如果停下来就会破坏故事的氛围，教师可以从头至尾讲完，然后设计活动让学生进行讨论。

《安徒生童话》《“下次开船”港》等童话集编选了同一作者不同的童话，而有些童话集则选编了不同作家的作品。教师可以有重点地选取经典的部分进行讨论，也可以选择学生感兴趣的童话进行讨论，其他的由学生自己阅读。童话的阅读，要引导学生进入童话的情境，在阅读的过程中尽量不要把学生拉回现实的场景。设计学生感兴趣的话题，让学生站在童话中人物的角度进行充分讨论，然后联系学生的现实生活。

儿童诗以儿童的语气表现儿童的所思所想，看似简单的语句却能营造出一个个新奇的世界。阅读儿童诗重要的是让学生能够感受到诗歌带来的快乐。因此，教师要引导学生做好下面的工作：读懂诗的意思；想象诗的画面；领悟诗的情趣；欣赏诗的意境；品味诗的语言。儿童诗带有浓厚的儿童情趣，语言富有特点，学生往往读上几遍就可以进行背诵，教师要根据这些特点进行指导，要让学生感受到儿童诗的情趣，了解和学习儿童诗的语言。

散文集，如《远方的小星星》，开始读的时候，学生读到的只是一篇篇的文章，读完之后教师再引导学生看看这些文章是放在什么主题下的，根据主题进行讨论，学生的认识就会丰富而深刻，所感受和获得的就会比读单篇文章更深厚，思考问题的角度也会变得多起来。每一篇散文都有它的特色，有的简练明白，有的寓意深刻，有的充满儿童情趣，教师要引导学生关注其语言特色。

小说是真正意义上的整本书，是整本书阅读的主体。儿童小说可以分为成长小说、幽默小说、动物小说、科幻小说等。教师可以根据不同的类型进行指导：成长小说关注“心灵”；幽默小说关注“语言”；动物小说关注“情节”和“形象”；科幻小说关注“想象”。因为小说有完整的情节、典型的人物，因此设计要讨论的话题比较容易，既可以讨论人物的性格，又可以讨论语言的特点。通过交流，学生会发现还有很多未曾发现、没有体验的细节，从而产生继续读下去的兴趣。对现实问题进行追问和思考是交流的重点。

科普作品一般是说明文体裁，如《昆虫记》。教师指导科普作品的阅读时，一是让学生读懂内容，二是让学生把握说明文的特点。重点如下：把握事物特征，领悟思想内容；理清说明顺序，掌握结构特点；研究说明方法，学习习作技巧；体会语言特点，增强表达能力。

三、按照阅读本身的规律进行指导

“六层次阅读能力系统”认为阅读能力包括六种能力元素：复述、解释、重整、伸展、评鉴、创意。复述、解释、重整是“客观性理解，对原篇章进行分析、概括等，紧扣原篇章，准确理解，还原作者的思想的过程”。伸展、评鉴、创意是“主观性理解，通过推论、想象、推测、批判性思维、创意，有依据地引申、拓展篇章内容，以及评鉴篇章内容与表达，提出独到的见解，对篇章进一步加工。基于原篇章又超离原篇意”。[①] 教师可以根据阅读层级采取不同的阅读策略。

初读一本书后，可以让学生复述内容，教师出示一些句子让学生用自己的话解释词语和表面句意。而对理解全书或章节起重要作用的词语、短语进行提问，对包含不易理解的词汇、结构复杂的句子设计问题，则属于解释的范畴。

重整，可以通过读书报告单等形式让学生分析篇章内容关系，抽取篇章重要信息，概括整本书的主要意义。可以从书的某处或多处摄取特定信息，如概括整本书的内容、发现整本书的主要表达技巧等。还可以向学生推荐作者其他的书，或者和本书相同类型的书。

伸展，是在理解篇章表层意义的基础上，找出隐含信息，如推断句

---

① 祝新华．六层次阅读能力系统及其在评估与教学领域中的运用 [J]. 小学语文，2008（4）.

子的深层意义，推断篇外信息，想象篇章未阐述而又有理据可推得的内容，推出篇章隐含的主题、主旨、写作意图等，从而培养学生深度挖掘文章内涵以及拓展、想象的能力。

评鉴，是在理解意义的基础上，评说人物与思想内容，鉴赏语言表达，如评说书中的人物、思想内容，鉴赏精妙的字词、语句，鉴赏表达技巧等，从而促使学生领会文章的表达形式，从阅读中有意识地学习写作方法。

创意，是在理解篇章意思后，找出解决问题的新想法，提出文章的新写法，或运用所读的信息解决实际问题。

读整本书教学应按照阅读的层次，逐层培养，阶梯上升。这就需要在教学中把握发展规律，让阅读成为学生成长的有效路径。阅读过程中，在“复述”“解释”“重整”的基础上，有意识地进行“伸展”“评鉴”“创意”的训练，才会实现从读懂他人到发展自我。高阶的阅读能力只是方向，如何培养，还要找到恰当的方式，更要结合作品和活动过程，教给学生可以实践、可以体验、可以总结提炼的方法。明确的方向、恰当的方式、具体的方法，才能让读整本书教学成为学生和教师都喜欢的教学组织形式。

第三节
读整本书教学的评价

朱自清曾说过："为学生的利益而考查，依据考查再打算增进学生的利益，那才是教育家的存心。"教师所有工作的重点都应该指向学生，其教育教学思想应转化为学生的实际能力。教师要对学生读整本书的情况进行评价，以使阅读更有效果，此种评价以考查学生阅读进展的质性评价为主，少做所读书籍的量化评价。

一、对阅读结果的评价

（一）考查阅读的速度

阅读要关注差异，但是也要有基本的速度要求，大多数学生应该在规定的时间内完成阅读，不能按时完成的，教师要了解其是没有阅读兴趣，还是阅读速度慢，通过阶段性讨论做出相应的调整。对阅读速度慢的学生，可以通过规定时间读完短文的方式来锻炼、提高其速度。此外教师还要注意从低年级开始就锻炼学生不指读的能力，这可以有效地提高学生的阅读速度。

（二）班级讨论中看阅读深度

教师在指导阅读前，要有明确的目标，在班级讨论中，通过学生的发言能够对目标达成情况进行检测。检测的目的不是对学生进行好与不好的评价，而是要通过评价发现学生阅读中的问题，以便有针对性地进行修正，使阅读更有实效，也便于教师根据学生阅读情况的不同，对个别学生进行再次指导。

（三）查阅资料，了解阅读的真实情况

低年级的学生可以根据所读的书做简单的读书卡，或者用图画表现自己的读书所得。中、高年级的学生可以做读书笔记：中年级的学生通过摘录加谈感受的形式写读书笔记，如果允许的话，可以在所读的书上批画圈点；高年级的学生可以就书中的章节或者人物，写出自己完整的心得。不论什么形式都应以学生真实的阅读感受为主，其目的不是为了应付教师，那样反而会破坏学生的读书兴趣，做了不如不做。

教师要让学生做属于自己的笔记，使学生乐于做笔记，首先要让学生明白笔记的作用。“笔记不是教师向他们要的赋税，而是他们读书学习不能不写的一种记录。参考得来的零星材料，临时触发的片段意思，都足以供排比贯穿之用，怎能不记录？极关重要的解释与批评，特别欣赏的几句或一节，就在他日还值得一再检览，怎能不记录？研究有得，成了完整的理解与认识，若不写下来，也许不久又忘了，怎能不记录？这种记录都不为应门面，求分数，讨教师的好；而只为了他们自己有益——必须这么做，他们的读书学习才见得切实。”①

教师在指导如何做笔记的基础上，在阶段性阅读和完整性阅读之后，可以通过查阅笔记的方式了解学生的阅读程度。读书笔记可以为班级讨论做好准备，也可以反映班级讨论的成果。班级讨论以后，再通过查看学生的笔记的方式，可以了解班级讨论是否加深了学生对书籍表达的内容与思想的理解。除了读书笔记以外，还可以用写图书推荐卡、办主题手抄报等方式展示读书效果。

① 叶圣陶 . 叶圣陶集（第 14 卷）[M]. 南京：江苏教育出版社，2004.

二、对阅读指导过程的评价

读整本书以师生充分自读为基础，以班级讨论为主要交流方式，以教师的评价为指导，以促进师生语言与精神的成长为归宿。教科书教学的重点在于使学生获得语文学习经验，在于“语用”方面的探索与研究。而读整本书则通过对“语用”规律的把握，体悟作品描述的各种形象，获得精神的力量。

好的读整本书交流是怎样的呢？

（一）提升阅读的高度

阅读应有一定的高度，它不指向复杂、道理深，而是一种超越自己的体验，是一种源于文本的深刻醒悟，是相对于当下的前进。

引导学生发现细节。学生因为有不同的性格，有不同的生活经历，所以能够从不同的侧面来看待作品。通过交流，看学生对作品细微处的理解，同时通过相互交流、讨论，甚至是辩论，不断丰富学生的认识。

让学生感受打动人心的力量。如在《长袜子皮皮》的阅读交流中，教师以“‘吃’情难忘”为主题，出示皮皮和杜米、阿妮卡在一起吃东西的几个画面，让学生回忆一个个细节，体会他们之间的友情。然后提问：“他们三个是谁在发生改变？”通过讨论，学生能够想到自己的朋友，能够看到朋友之间的相互影响。以“还有一个皮皮”为主题，出示皮皮捡到线轴、制作药片等一组图片，提出问题：每一张图片代表怎样的皮皮呢？皮皮在我们的身边吗？是谁呢？让学生的目光从书中回到现实，看看身边的人，看看自己。

对现实问题进行追问和思考。如在《长袜子皮皮》的读书交流中，对皮皮在学校的表现，教师先提出问题：“如果你是皮皮的老师，你会怎样对待皮皮？”学生充分发表意见后，教师又问：“如果你是皮皮，你希望有什么样的老师？”让学生再讨论。最后问：“为什么你做老师时和你希望的老师不一样呢？”通过这样的问题设计，可以让学生对作品和作品中的人物有自己的评价，也可以让学生对儿童社会化这样一个相对深刻的命题有自己的体验。

引导学生提升语言的高度。语言对学生而言就像是可以享用的美食，他们可以把它内化为自己的能量，在关键的时候加以使用。教师要引导学生发现经典的、优美的语言，并且能够感受这些语言，为他们自己的语言发展树立一个标尺。不同的学生会有不同的语言需要，教师有责任为学生呈现丰富的语言。

儿童文学具有美学特质，主要表现在纯真、稚拙、欢愉、变幻、朴素等几个方面。要通过讨论，让学生感受到儿童文学的美。无论是细节还是情感，无论是形象还是语言，都是儿童文学美学特质的具体表现。发现了美，感受了美，就达到了儿童文学阅读应有的高度。

（二）开拓阅读的空间

学生真正喜欢的书一定会反复阅读，阅读指导的目的就是让学生真正喜欢一本书。开展读书交流活动，不是一本书阅读的终结。

通过交流让学生觉得还有很多未曾发现、没有体验的细节，有兴趣继续读下去。如在《草房子》阅读交流结束的时候，提出问题："为什么除了'艾地''药寮'两章的结尾处用了句号外，其他各章的最后都用了省略号？"用了句号的两章，一章写了"艾地"的主人公秦大奶奶过世了，一章写了"药寮"的主人公桑桑的病好了，其余各章结尾用省略号给人留下了想象的空间，就好像每一个主人公还有其他后续故事，这样的设计可以让阅读更深入、更开放。

拓展阅读空间，还可以向学生推荐作者其他的书，或者和本书相同类型的书。如读完《长袜子皮皮》以后，推荐林格伦的另一本书《小飞人卡尔松》和巴里的《彼得·潘》，让学生比较卡尔松、彼得·潘和皮皮有什么相同和不同之处。学生阅读以后，再进行讨论，打通各本书之间的阅读通道，让不同人物在学生的头脑中建立起联系来。

阅读交流以后，学生对一本书会有更加深刻的认识，也愿意更细致地重读这本书，或者去发现更多可以读的书，甚至愿意带动身边的人一起阅读一本书，愿意在课下交流讨论，这样阅读指导的目的就达到了，阅读的空间也从课堂延伸到了家庭和社会。学生有更多的阅读知音，有利于他们持续阅读。

（三）体验阅读的乐趣

对学生而言，获得阅读乐趣是他们进行阅读的核心动力。教师在对学生进行阅读指导的过程中，应该让学生充分体验阅读的快乐。如在四年级开展《长袜子皮皮》的讨论时，可以先出示皮皮的图片，让学生找到书中关于皮皮的外貌描写，然后出示皮皮烙饼、打扫房间、举起鲨鱼、折断牛角等图片，让学生谈谈对皮皮的印象。学生能够凭借图片回忆书中描述的情景，从而体会到想象的乐趣和新奇的感受。

乐趣不只是指快乐的体验，还有冒险的体验、紧张的体验……这些乐趣有时来自书的插图，有时来自文字欣赏，有时来自故事情节。教师要根据具体的文本，以尽可能丰富的形式让学生感受到阅读的乐趣。《蓝色的海豚岛》中主人公与野狗的较量，与章鱼的战斗，坐独木舟下海的恐慌，都可以给学生带来紧张刺激的体验。

阅读的乐趣还来自交流活动本身。教师组织丰富多样的阅读交流活动，让学生在活动中体验乐趣。比如，在《小淘气尼古拉》系列图书的讨论交流时，可以让学生把自己一天中有趣的事情画下来，组成漫画集《我的淘气史》，从而使学生在想和画的过程中体验到乐趣；在《长袜子皮皮》的讨论交流中，把所有关于小猴子尼尔松的图片按一定的顺序出示，变成一本“图画书”的阅读，然后让学生根据自己的想象编写一个故事，这样既让学生关注到了尼尔松在这本书中的地位，又给学生创造了乐趣。

三、对阅读结果的评价

学生读整本书一定要以获得阅读能力为显性的目标，以学生情感与精神的成长为隐性的目标。

学生的阅读能力有不同的界定，如香港祝新华提出的“六层次阅读能力”——复述、解释、重整、伸展、评鉴、创意，国际阅读能力测试考查的四层级阅读能力——提取信息、直接推论、形成解释、反思评价，台湾郑圆铃提出的三角度阅读能力——检索提取、整合解释、反思评价。学生的阅读能力的评估，还可以参照国际阅读素养测评等通过纸笔测试来完成。（如下表所示）应用这样的命题评测学生，学生也愿意接受阅读的挑战。

台湾郑圆铃纸笔测试题题干关键用语

阅读能力	阅读策略（关键用语）
检索提取	找一找
整合解释	为什么
反思评价	你认为
综合能力	综合上述题干关键用语

总之，读整本书应该像学校教育中的任何行为一样需要进行评价。读整本书的评价应该相对宽松——整本书的范围宽泛，对阅读结果或阅读效果的评价也相对宽松。可采取动态和静态考查相结合的方式：动态考查就是走进课堂，实地感受学生读整本书的过程，看学生是否能够达到要求，看学生是否能够参与到阅读活动中来，看学生是否有自己的见解和主张，通过学生的现场表现，看学生的阅读水平；静态考查是看学生的读书笔记等资料，通过学生的思想成果看学生阅读的情况。

本章小结

要点提炼

1. 把读整本书作为学校语文课程实施的一部分，可以从三个角度来选书：能够增长学生知识的；能够锻炼学生阅读能力的；能够开启智慧、启迪心灵、传承文明的。这是整本书选择的总体原则。

2. 整本书的选择主要包括数量、质量和类别的选择。

3. 读整本书，关键是整体，在讨论交流的时候，不能因为个别地方的处理而忽视了整体，既要关注学生的个性体验，又要挖掘细节，加深学生对整本书的理解。

4. “六层次阅读能力系统”认为阅读能力包括六种能力元素：复述、解释、重整、伸展、评鉴、创意。

5. 教师要对学生读整本书的情况进行评价，以使阅读更有效果，此种评价以考查学生阅读进展的质性评价为主，少做所读书籍的量化评价。

阅读思考

一、你认为一本好书的标准是什么？

二、带领学生读整本书，教师的教学目标应该是让学生受到这本书的教育，还是用这本书教学生学会阅读？为什么？

三、你觉得学生的阅读能力分得越细越好吗？你还知道哪些阅读能力的分级方式？

阅读行动

一、按照你的好书标准，为班级的学生推荐三本书。

书　名	推荐理由	我的标准

二、如果从以上三本书中选择一本，在班级中开展同读一本书的教学活动，请写出你的教学设想。

书名：
班级：
教学设想：

三、查阅相关资料，了解国际阅读测试（PISA、PIRLS、NAEP）中对阅读素养或阅读能力是怎么划分的。

国际阅读测试	阅读素养（阅读能力）	共同点
PISA		
PIRLS		
NAEP		

根据你的发现，你认为在教学中如何发展学生的阅读素养?

第二章　读整本书教学设计

CHAPTER 2

本章导读

读整本书教学是为了让学生学会读整本书。教师要用整本书来教学生学习如何阅读，练习如何阅读，学会自主阅读。因此，教师教学的重点是引导学生在阅读讨论交流的过程中，发展阅读素养。

教阅读，重点是教学生如何思考，如何表达。

教学课型的划分，是教学生学会阅读的必经之路。不同的课型有不同的功能定位，定位清楚了，学生的实际获得才会更加聚焦。教学设计是教师选择判断的结果，从一本书中选取出具有教学价值的部分，细化教学目标，然后用多种教学工具实现这些目标。

学校里的阅读和生活中的阅读有区别，也有联系，因此需要对不同的阅读内容和阅读形式都有所了解，更加清楚地定位学校阅读、学科阅读，这样学生在课堂上、在学校里才能收获生活中不能收获的。

本章的内容，希望能够带你在不同的实例中，了解阅读的本质，获得实际操作应用的能力。

第一节
读整本书教学课型例说

一、读整本书教学的目标

在学校范围内的读整本书教学是为了学生的发展，其目标是积累学生的阅读经验、培养学生的阅读能力、发展学生的阅读素养。

（一）积累阅读经验

阅读经验指的是学生阅读各种文本后的体验，是动态的过程，也是静态的成果，可以分为整体阅读经验和文体阅读经验。整体阅读经验是指作为一个读者的总体经验：一是从文本中获取信息进行解释和评价，能够读懂字面的意思，了解文本的主要内容；二是能从作者的角度进行分析，根据作者的生平及创作目的，对一本书进行研究，了解书的写作目的；三是能从读者的角度进行评价。文体阅读经验是指阅读某类文本形成的经验，比如：阅读叙事类文本，能够从人物、情节、语言三个角度对文本进行理解和评价；阅读实用类文本，能够从特点、结构、语言三个角度对文本进行理解和评价。阅读经验是学生在阅读过程中主动积累和被动体验的结合体，是学生开展阅读的基础。

（二）培养阅读能力

阅读能力是学生能够阅读各种文本的水平表现，可以分为思考力和表达力两个方面。思考力指能够从不同角度对一篇文本进行理解并建构意义，分为检索信息、整合解释、反思评价。表达力指能够根据要求，结合文本综合表达个人观点的能力，分为设计制作、应用写作、文学创作。

（三）发展阅读素养

阅读素养是学生借助文本解决实际问题的水平表现，可以分为语言素养和学习素养。语言素养是理解和运用语言的实际表现，在迁移情境中能够正确引用或者化用语言。学习素养是能够把阅读中的所得迁移到其他学习情境之中，其表现为解决学习中的困难。

阅读经验可提纯为阅读能力，阅读能力进而可融合为阅读素养。在读整本书教学中，要有意识地加强对学生这三个方面的培养，并且需要建立低、中、高不同年段的表现评价标准。

二、读整本书教学的方式

（一）实施方式

1. 问题探究式

设置情境，以问题引领的方式组织学生进行讨论，对书中内容进行深入的思考。教师通过整合书中不同部分的内容，用问题引导学生深入探究，可加深学生对书的认识，也能促进学生思维能力的提升。

2. 分享交流式

以汇报读书所得的形式，让不同学生分享阅读的收获。不同学生的思维方式不同，阅读经验自然也不同。这样的教学方式充分尊重了学生，让他们把阅读收获拿出来与其他同学分享，往往能够激发其他学生的阅读兴趣，并拓展他们从不同角度看问题的思维。

3. 作品展示式

阅读以后，让学生把自己的阅读所得用作品的形式展示出来。其方法有两种：一种是由教师提出要求，学生按要求完成作品；一种是学生根据自己的所得，设计不同的作品，展示自己的阅读收获。

学生通过完成作品，可以进一步思考书中内容，也可以锻炼他们的表达能力。学生在展示交流的时候，能够根据别人的作品，进行进一步的学习和思考，也能在众多作品的启发下，重新定位自己的作品，进行自我反思和改进。

（二）设计角度

对读整本书的讨论，重点不只在于“深度”，还在于“角度”。现实中解决问题，很多时候关键不在于思维的深度，而在于思维的角度，角度不同，结果不同，因此，要重视读整本书讨论的角度。

1. 分析人物

从不同侧面，结合书中的细节和学生自己的生活经验、阅读经验，对书中人物的特点进行剖析。

对人物进行剖析的过程，就是阅读深化的过程，可以依托人物言行等方面的细节，让学生积累阅读经验。

2. 梳理结构

情节变化比较明显的书，可以通过让学生做故事地图、故事发展图等，梳理故事发展的脉络，展示故事的架构，让学生对故事的设计有比较明确的认识。

不同类的书有不同的构成方式，学生读书不能局限于细节，要能够跳出书的内容，建立结构意识。学生掌握了书的结构，就能够了解作者的思维方式，理清作者的写作思路。

3. 研究细节

对书中的细节进行研究，并研究细节描写对表现主题的作用。细节有很多种，如故事类书中的细节能够表现人物，推动故事发展，也能够让读者如临其境，实现阅读中的共情；说明类书中的细节是对事物的真实再现，可丰富读者的知识，深化读者对事物的认识。

不同的细节有不同的作用，学生关注得越多，积累的经验就越多。教师应该有意识地让学生对细节进行分类，帮助学生建立分类意识，这有利于学生发现阅读的规律，进而对写作规律也有所了解。

4. 领悟表达

领悟表达就是让学生透过文字的意义去揣摩语言的妙处，进而提高学生的语感能力和表达能力。这是学生从整本书丰富的语言库中进行学习的重要途径。

领悟表达有两种：一种是对整本书架构的领悟表达；一种是对文章的语言特色的领悟表达，就是作者喜欢用什么样的句式、塑造的人物是怎么说话的等，也就是这本书在语言上不同于其他书的地方。领悟表达，不是告诉学生写作手法，更不是教给学生写作术语，而是让学生有意识地去探究语言特色，这是加深语言理解的途径，也是培养语感、发展语言的重要方式。

5. 体验策略

策略，就是知道在何种情况下运用何种方法。阅读策略是衡量学生是否会阅读的重要标准。学习阅读策略，不是通过听讲实现的，而是需要不断体验，不断研读作品。如预测策略，这个策略能够贯穿整个小学阶段，也适用于各种类型的书的阅读。学习预测策略，可以提示学生阅读时，在自觉认识客观规律的基础上，对文章的内容和形式做出判断，以便更深入地理解书的内容。预测策略是提取信息、整合解释、直接推论三种阅读能力的整合，可以说是综合起来的阅读素养。

6. 发展素养

学生的素养发展是整体的，整本书也是整体的，以整本书促进学生的素养发展是非常恰当的。通过对一本书或者多本书的讨论，可以促进学生思维能力和表达能力等多方面能力的发展，即在整合阅读的情境下发展学生的素养。

以上关于读整本书教学设计的六个角度，可以按照由浅入深的层次推进，在讨论初期以内容为主，然后逐渐转向以策略为主，最后指向学生的素养发展；也可以直接从学生素养发展的高度进行整体设计，把前面的五个角度作为基本的方式，整合在一起进行。

三、读整本书教学的课型

在现实中，很多教师不管是教学哪本书，都用大体相同的套路，这正是读整本书教学效果不好的主要原因。从教学的层面来说，学习的方式与角度不同，教学的课型便要不同，而不同的课型教学目标是有差别的。

阅读的课型可以从三个角度来考虑：一是教师教学设计的角度；二是学生阅读实践的角度；三是自由阅读的角度。

读整本书教学可以分为三种重要的课型：导读课、体验课、讨论课。三种课型为学生的阅读经验、阅读能力、阅读素养的发展服务，但它们与这三个教学目标不是一一对应的关系，其顺序也不分先后，可以任意进行组合。一般地，从读整本书教学课型所占的比重来说，体验课应占 80%，讨论课占 15%，导读课占 5%。为了让学生有比较明确的收获，不同阶段、不同的书，应该采用不同的指导方式。

（一）导读课

导读课是为了让学生深入阅读或者阅读有挑战性的图书设计的课型。下面以《朝花夕拾》为例进行说明。

（1）与教科书的对应：人教版语文五年级下册第二单元是关于“童年”的主题，选取了林海音、萧红、费奥多罗夫的作品，还有古诗词三首及儿童诗两首。

（2）这本书的特色：记录鲁迅童年及青少年时期的故事，内容相隔较远，但是对认识鲁迅有非常重要的作用。

（3）教学价值的判断：能够丰富学生对童年的认识，也可以通过了解一个人而了解一个时代。

（4）教学实施。

① 了解作者。首先出示作者头像，让学生猜猜这个人是谁。然后出示15张作者不同时期的照片，让学生发现并总结作者的特点。接着出示作者童年及青少年时期年表，让学生说说他们的发现。

学生初次接触鲁迅的作品，最开始要让学生对鲁迅这个人有个直观的印象，这不是指概念化的认识，而是需要通过相关信息，让学生自己进行分析判断。

② 了解作品。一开始出示这本书不同版本的封面，让学生说说他们更喜欢哪一个封面以及喜欢的原因，目的是让学生注意版本的不同。然后，比较《旧事重提》与《朝花夕拾》这两个书名，让学生说出更喜欢哪个书名，理由是什么。接着，再出示这本书的目录，让学生根据目录推测各章是写什么内容的，他们愿意从哪一章开始阅读，并说出理由。这个部分的主要目的是让学生对整本书有自己的感受与理解。

③ 感受语言。从《阿长与〈山海经〉》《五猖会》《从百草园到三味书屋》《父亲的病》中选取片段让学生阅读，并让他们说说阅读后的发现。通过阅读、讨论，让学生感受到鲁迅的童年和他们的童年也有相似之处，如贪玩、在家长的监督下背书等，从而拉近鲁迅和学生之间的距离。学生没有了畏难情绪，阅读热情便会高涨。

④ 自由阅读，让学生阅读后交流收获和困惑。比如，父亲在面对两块钱的药时，为什么选择不要？在此过程中，学生会获得一种如何真正读懂一部作品的体验，从而在阅读经验方面就有了更丰厚的积累。

（二）体验课

体验课，体现了不同人对书籍的不同需求，体验阅读材料的不同可以让学生获得阅读策略和阅读经验，发展阅读能力，获得阅读乐趣。该课型适合在图书馆中进行。

上课开始，让每个学生挑选自己最喜爱的三本书，等所有学生挑好以后，让男生、女生相互交换图书，用一节课的时间，读别人喜欢的书，体验别人的阅读兴趣。

自由选书阅读是阅读体验课的唯一准则。体验课应该把所有的功利性目的都隐藏在自主阅读活动的背后。阅读的主体是学生，学生通过阅读交流，可以获得真正属于自己的体验。

阅读环境与图书种类，决定了阅读体验的多种可能性。图书馆或者教室里的图书配备在种类上要充分，报纸、杂志等也应该成为阅读体验的材料。图画书在小学阶段占有较大的比例，因为图画书有图画辅助，学生阅读障碍较少，但是图画书往往含义深刻，需要引导学生进行深入阅读。小学阶段的文字书，类别比较多，如儿童诗、古诗文、童话、寓言、故事、小说、科普作品等。学生要阅读不同类别的书，教师也要不定期地组织学生相互交换图书，体验别人阅读的图书。

体验课强调阅读的体裁要广、数量要多，便于学生总结积累阅读经验。不建议统一要求写读书笔记等，可以阶段性地书写阅读记录单，对本阶段的阅读书目和阅读收获进行总结，提炼出适合个人的阅读经验。

（三）讨论课

讨论课是为了让学生见证不同的见解，激发学生的学习兴趣，提高学生的思维活动而设计的课型。以下所列的六种课型不是按照年级排列的，每个年级都可以按照这六种课型开展读整本书教学。

1. 阅读交流课

阅读交流课是在学生自由阅读的基础上进行的。下面以《三毛流浪记》为例进行说明。

这本书共有 261 个小故事，每个故事采用多图叙事的方式，除最后一个小故事，其余都用一个四字词语作为其标题。

（1）与教科书的对应：部编版语文一年级下册第七单元。

（2）这本书的特色：用图画讲述故事。

（3）教学价值的判断：练习看图说话；帮助学生理解与运用词语。

（4）教学实施：先让学生自主阅读，然后在小组内交流自己最感兴趣的故事，在交流的过程中，可以相互学习、相互补充，积累学习经验。学生看图讲故事，可以培养其思考能力和表达能力。再就是让学生根据图交流对四字词语的理解，帮助学生正确地理解词语、积累词汇，为书面语的表达奠定基础。

2. 阅读实践课

阅读实践课就是让学生把学习到的阅读策略在一本新书中进行应用。学生在读一本新书之前，先回顾以前学习到的阅读策略，再根据这本书的内容，选择恰当的策略，并进行练习。下面以《蝴蝶·豌豆花》为例进行说明。

《蝴蝶·豌豆花》是一本儿童诗集，共收入20首儿童诗，体现了不同时代的儿童诗的样貌。

（1）与教科书的对应：部编版语文二年级下册第八单元。

（2）这本书的特色：儿童诗与图画书的结合。

（3）教学价值的判断：练习续写儿童诗，进行语言实践。

（4）教学实施：这本书可以用来朗读，让学生在朗读中理解、体会儿童诗的语言特点。另外还可以对其中的一些诗进行续写，发展学生的语言能力。教师把全班的诗作装订成册，或者汇总为一首长诗，在全班展示。在续写过程中，学生进行了语言实践，也对诗歌中的哲学思维有所体验。

3. 阅读策略课

阅读策略课，教会学生某种阅读策略。下面以“汉字的故事”图画书群书阅读为例进行说明。

此课把《你会写字吗？》《仓颉造字》《三十六个字》三本图画书组合在一起进行教学。

（1）与教科书的对应：部编版语文三年级下册第三单元。

（2）这三本书的特色：以故事的方式讲述汉字的作用、发展历程；故事结构的应用。

（3）教学价值的判断：习得推测的阅读策略；编写故事。

（4）教学实施：上课前，师生讨论、分享各自有哪些阅读经验。上课时，按顺序讲述三个故事，让学生回答“这个故事讲的是什么”“作者通过这个故事，想告诉读者什么”“你从书中读到了什么”，形成阅读结构，从而学会从文本、作者、读者三个角度来看待一本书。

在讲完《仓颉造字》这个故事以后，教师让学生以“日、山、水、森、林、象、鸟”这七个字写一个故事，并让一组学生来讲他们创作的故事，其他小组的学生读自己创作的故事，从而区别书面语和口头语各自的优势：书面语容易记录传递，口头语容易添加讲述。

然后再读《三十六个字》，让学生体验自己创作的故事与这本书的区别，认识到汉字是有感情、有温度的。

最后，学生进行总结，讲述自己获得了怎样的体验，在体验的过程中掌握了哪些阅读策略。

4. 阅读欣赏课

阅读欣赏课，教会学生欣赏书中的精彩之处。在教师的带领下，欣赏书中思维、情感方面的细节描写，或者幽默、风趣、精彩的语言。下面以《女水手日记》为例进行说明。

这本书采用多种方式进行人物刻画，可以让学生欣赏与模仿。

（1）与教科书的对应：人教版语文四年级下册第二单元。

（2）这本书的特色：故事情节曲折，人物形象突出。

（3）教学价值的判断：欣赏人物描写的写作方法。

（4）教学实施：课前教师与学生交流这本书读了多少遍，很多学生都表示读了很多遍。

第一环节，教师以“猜猜他（她）是谁”为主线，让学生欣赏这本书中对人物进行描写的方法。

学生根据人物的外貌描写，来猜测是书中的哪个人物，用固定的句式来表达自己的发现。给学生提供表达的结构，也可以帮助学生构建思维的结构。

第二环节，学生从书中找出精彩对话，让其他同学猜测对话中的人，体会对话描写对表现人物的作用。

第三环节，学生根据教师提供的剧本材料，发现剧本的特点，感受剧本中塑造人物的方式。然后让学生自选素材，把书中的语言转化为剧本的形式，体验神情、动作、语言对人物描写的作用。

第四环节，布置作业，让学生写一写身边的人，猜一猜身边的人。

5. 阅读分享课

阅读分享课，让学生在分享中有新的收获，掌握分享的基本方式：一是分享阅读感受，就是从书中获得了什么；二是分享阅读方法，就是用什么样的方法来阅读。下面以《城南旧事》为例进行说明。

（1）与教科书的对应：人教版语文五年级下册第二单元。

（2）这本书的特色：在一个历史时空中叙述故事。

（3）教学价值的判断：让学生进行阅读研究。

（4）教学实施：布置阅读任务，从下面三个任务中自选一个，让选择相同任务的学生组成研究小组，开展阅读研究。

①《城南旧事》中人物形象研究。

②《城南旧事》中北京城的民俗风情。

③《城南旧事》与《呼兰河传》对比阅读。

研究一段时间后，组织学生进行分享交流。教师出示分享的流程，让学生明确如何进行分享：

① 说明组名及选题。

② 陈述选择这个课题的原因与意义。

③ 主持人介绍分工。

④ 组内汇报。

⑤ 总结陈词。

⑥ 提问、质疑、补充。

分享交流后，学生可以根据师生的建议，再次进行研究，完成本组的研究报告。在班级内张贴研究报告，或者再进行一次分享。

6. 阅读思维课

阅读思维课，在阅读中培养学生的思维，让学生学会从多角度出发去思考问题。阅读是思考的过程，阅读思维课的重心是以多种方式发展学生的思维，如凭借信息直接推断的能力、整合信息做出解释的能力、多角度思考的能力。下面以《西游记》为例进行说明。

（1）与教科书的对应：人教版语文六年级下册第四单元。

（2）这本书的特色：人物个性鲜明，故事情节新奇，语言生动贴切。

（3）教学价值的判断：用原著中的文字，引导学生思考。

（4）教学实施：课前与学生交流是否熟悉这本书，学生表示非常熟悉。

第一环节，了解故事情节。《西游记》是讲什么故事的一本书？学生回答“取经”。接着提问：谁要取经？为什么取经？取什么经？让学生把答案写在纸上。然后逐步出示书中文句，让学生思考，不断修订自己的答案，由“唐僧”到“唐太宗”到“观音菩萨”到“如来佛”，学生在这个过程中不断思考，改变固有认知。

第二环节，人物分析。分析学生不熟悉的两个人：菩提祖师是谁？六耳猕猴真的存在吗？

第三环节，给学生留以下问题进行思考，让学生到书中去寻找答案。

① 妖怪们为什么都盯着要吃唐僧肉？他们凭什么说吃了唐僧肉可以长生不老？为什么就没有任何一个妖怪对此产生怀疑呢？

② 妖怪抓到唐僧后，总是不急着吃掉，他们究竟在等什么呢？为什么就没有一个急性子的妖怪抢了唐僧就马上咬一口吃？

学生已经看过《西游记》的动画片或者电视剧，对故事情节比较熟悉，但是较少学生会主动阅读原著。根据学情，先让学生思考比较熟悉的情节，“颠覆”学生的已有认知，让他们知道凭借原著进行思考的重要性。不断出示原著中的片段，引导学生深入思考，从“文本”“作者”“读者”等不同的角度来阅读名著。

总之，读整本书教学是积累学生的阅读经验、培养学生的阅读能力、发展学生的阅读素养的重要环节。学生的思维和表达水平都应该在读整本书的教学中得到显性的提升。教师可以按照学生的年龄特点、读物特点、阅读规律来进行指导。在指导的过程中，需要关注学生的心理需求，关注情节的发展，关注人物的命运，让学生能够解决自己关心的问题。教师要能够发现书中的细节，从细节处对学生进行指导，让学生在平凡之处发现不易发现的东西。同时，教师要注意引导学生发现读物的语言特点，通过读整本书提高学生运用语言文字的能力。

第二节
如何进行一本书的教学设计
——以《长袜子皮皮》为例

《长袜子皮皮》是儿童文学界非常经典的一本书，因为它塑造了一个经典的儿童文学形象——皮皮。这是一本儿童文学作品，所以应该从儿童文学的角度来谈它的价值。

一、研究文学作品

（一）作品的定位

《长袜子皮皮》这本书的作者是林格伦，她是瑞典著名的儿童文学作家，也是瑞典的一位民族英雄。林格伦还是国际安徒生奖的获得者，她的作品被译成几十种文字，发行量已达上亿册。

林格伦是在1945年开始步入儿童文学领域的，那时候的她就已经开始构建皮皮这样一个形象了。任何一部成功作品的诞生都不是无缘无故的，它一定有着某种诱因或契机，《长袜子皮皮》也是这样。1941年，林格伦七岁的女儿卡琳生病住院，她要守在女儿的床边。小孩子都喜欢听故事，尤其是在他们生病的时候，大人能够安慰他们，或者能够分散他们注意力的方法就是给他们读书或者讲故事，林格伦也不例外，她每天晚上都要给女儿讲故事。大人的故事有时候是会穷尽的，而小孩子对于故事的需求却是无穷无尽的。有一天，林格伦实在不知道要讲什么了，她就问女儿想听什么，她的女儿顺口就回答说："讲长袜子皮皮。"女儿一瞬间叫出的这个名字就成为了激发林格伦创作《长袜子皮皮》的一个起点。1944 年，林格伦在女儿 10 岁的时候写了关于皮皮的故事作为赠给女儿的生日礼物。1945 年，林格伦将皮皮的故事修改以后进行出版，一经发行便获得了巨大的成功。关于皮皮的书一共有三本，其中最畅销的是《长袜子皮皮》，目前，这本书的发行总量已经超过了一千万册。

（二）主人公形象的分析

主人公皮皮有个非常奇特的名字，而皮皮只是她名字的简称，其全名是皮皮露达·维多利亚·鲁尔加迪娅·克鲁斯蒙达·埃弗拉伊姆·长袜子。世界上有很多人有很长的名字，因为要把家族的名字和很多前辈的名字都加在自己名字的前边，这是外国文化里的一种常见现象，林格伦也遵循了这样的一种传统、一种文化。当然，对于中国的读者来说，这个名字显然是非常奇特的。

林格伦这样形容这个小姑娘的长相：她满头红发，鼻子上布满雀斑，大嘴巴，牙齿整齐洁白，尤其是她的小辫子独具风格，别人的辫子都是顺着的，而她的辫子梳得硬邦邦的，直挺挺地竖着。她的衣着：她腿上穿着一双长袜子，两只颜色还不一样，一只是棕色的，另一只是黑色的。大人有时候把袜子穿错了会感到很窘迫，而皮皮，她就是单纯地不喜欢穿两只一样的袜子，所以这是一个非常有意思的形象。然后就是她的鞋子，正好比她的脚大一倍，需要靠鞋带来系住，不然的话她的脚随时会跑出来。她还有一个特点，就是力大无穷，她能轻而易举地把一匹马举过头顶，能制服身强力壮的小偷和强盗，还降服了倔强的公牛和食人的大鲨鱼，这是她的一个非常典型的特点，而这种神力是与生俱来的，这让她无所畏惧。皮皮从来没有为没有钱发过愁，就仿佛她有取之不尽的金币，而她也常常花钱买来糖果和玩具送给小朋友们。皮皮非常善良，对人很热情，她很关爱跟她在一起的两个小朋友——杜米和阿尼卡。她还喜欢冒险，也常常想出许多奇奇怪怪的主意，并且创造了一个又一个奇迹，孩子们都非常喜欢她。

1. 皮皮有足够的神力

皮皮认识了邻居家两个懂事、有教养又听话的孩子，一个是男孩杜米，另一个是女孩阿妮卡，他们经常和皮皮在一起玩儿。皮皮有一种神力，总能给他们提供足够的保护，比如，大孩子欺负他们了，野牛出现了，鲨鱼出现了等，皮皮都能轻易把这些危险化解掉。他们也经常获得皮皮的帮助，而且皮皮的帮助不是说杜米和阿妮卡要什么，皮皮就给他们什么，而是很注意倾听这两个孩子有什么需要，下一次她就帮助他们去实现。其中，有一个典型的例子可以说明皮皮对杜米和阿妮卡的了解以及关注：皮皮到霍屯都岛去看她的父亲，从那儿回来以后错过了圣诞节，杜米和阿妮卡都没得到皮皮的圣诞礼物，他们有些不高兴。而皮皮却记住了他们的遗憾，第二天便补送了他们最想要的圣诞礼物。其实，所有的小孩子都是非常弱小的，在他们的成长过程中，需要有一个关心他们、支持他们，并且能够帮助他们化解危险的大人出现，而在这本书当中，皮皮在某种程度上就充当了这个角色。很多家长平时工作都很忙，常常没有时间帮助自己的孩子，即使帮助孩子也不像皮皮那样有办法，因为皮皮能真正地从孩子的角度去思考问题。另外，相信孩子们在读这本书的时候，会受到鼓舞，他们希望自己也能像皮皮那样拥有神力，那样他们就可以去征服这个世界。那么，皮皮为什么会拥有这种神力呢？因为她有自由，她的自由让她开发出来这种神力。其实每个孩子都有无穷的神力，这种神力不是举起一头牛和击退一头大鲨鱼那种显而易见的神力，而是孩子本身蕴含的生命力，这种生命力能使他们克服各种困难，这是来自内心的一种力量。所以开发孩子的潜能，激发他们自我的需求和发展，也是作者想要告诉读者的。

2. 皮皮不爱去学校

皮皮为什么不爱去学校？因为她讨厌教师传授知识的方式。皮皮喜欢的学习不是从课本中去学习，而是喜欢在各种各样的交往之中，在不同的环境之中学习，这是皮皮受到所有儿童喜欢的一个主要的特点，这也是人类童年时期的一个显著特点。孩子们不愿意去学校，而是喜欢在大自然当中学习，我相信孩子们对知识是有渴求的，但是对于规矩、规则，他们是不愿意看到的，他们甚至讨厌这些东西。所以皮皮的形象其实还是一种经典的儿童形象。

3. 皮皮爱说谎

皮皮爱说谎到什么程度呢？就是说什么都不着边际，以至于听她说话的人都不知道她在说什么。而且，她每天都在讲她幻想的生活，讲她在远方的爸爸的故事，但这些好像并没有发生过。儿童的说谎是一种很奇特的心理机制，因为儿童的想象力特别强，有时候他们就会把想象到的东西当成真的说出来，而大人往往就会觉得他们在编造谎言，其实这正是大人不了解儿童的一种表现。

4. 皮皮很调皮

皮皮去杜米家赴咖啡宴的时候把事情弄得一团糟，她还吓唬很多大人，把大人的咖啡撒在桌子上，等等。在成人看来真的是不知轻重，特别冒失，而对于孩子而言，顽皮是天性，是正常的成长路径，皮皮在这方面的表现正体现了儿童普遍存在的一个特征。

5. 皮皮勇敢善良

皮皮和那些孩子们相处的时候，总是给他们以足够的空间，让他们愿意干什么就干什么，也总是帮助他们解决各种各样的问题。皮皮也很勇敢，当那些孩子碰到危险的时候，尽管她也不知道自己是否能够应对那些危险，但她会勇敢站出来。

二、探究文学价值

文学价值是体现在诗歌、小说、散文等文学作品里的思想和精神价值。研究一部作品，首先要看它的文学价值。

（一）文学价值的四个层面

1. 道德的层面

道德的层面就是从社会的角度出发，主人公作为一个人，生活在社会当中，应该具有怎样的行为方式和思维方式。学生在读一本书的时候，要有意识地观察他们要学习的对象，或者是正面的道德模范，或者是反面的道德案例，从正面模范中获得力量，从反面案例中汲取教训。所以文学价值的第一个层面——道德的层面，就指的是社会学的层面。

2. 价值观的层面

文学的价值观是指读者从这一本书中所获取的，或者说这本书努力在向读者展示的观念。不同的价值观会影响一个人的选择和行为，读者进行阅读时，不要被动地接收信息，而应独立思考并进行吸收或批判。

3. 情意的层面

情意的层面指的是读者在阅读过程中的感受，包括作者在写作过程当中情感的表现、书中人物所阐释出来的情意等，让读者受到的感染和影响。

4. 语言的层面

任何一本书的作者都希望用他独特的语言表述方式来给大家描绘一个他想呈现的文学世界，文学作品中的语言对成功塑造人物形象有巨大的作用，语言在反映社会人生、表现生活的感性形态方面是与作品内容同样重要的，所以说语言是文学价值非常重要的一个层面。

（二）文学价值的四个角度

1. 主人公的角度

从主人公的角度来说，皮皮其实是一个自由的化身，她是精神自由、思想自由、行为自由等所有自由的集合体，她就像一个精灵一样，她有神力，有无穷无尽的想象力，这是从主人公的角度反映出的文学价值。

2. 读者的角度

文学是人的心灵寻找慰藉与指引的一种哲学式的载体，就是我要怎样去生活，在文学作品中都可以寻得一个榜样。一个人在童年的时候，其生活当中一定要有一个榜样可以让他去参考，去学习，这样他才能够生活得更加有意义。皮皮显然就是儿童心中的一个榜样，而且是思想和精神价值方面的榜样。文学作品的审美、思想、核心价值理念等内在的因素，往往决定着这本书的文学价值，而站在读者的角度，文学对于儿童的价值更多的是让他们去发现自我。

这本书对于大人也同样具有价值，它能帮助大人更加深刻、更加全面地认识儿童。每个人都不喜欢被太多规矩和框架束缚，尤其是孩子们，我们不能强制要求他们在课堂上一定要正襟危坐、一本正经，不能要求他们每时每刻都这样。我们可以要求他们在课堂上对教师有敬重之心，对知识、学习有敬畏之心，但不能要求他们一定要对权威有敬畏之心。孩子们也有很多想要去实现的梦想，所以在家庭里边也不要过多地讲究规矩，过多的规定对天真烂漫、有无限发展可能的孩子来说可能就是一种限制和束缚。

3. 作品的角度

从这部作品本身来看，它体现了一种内外兼修的审美价值，而一个人的成长，就应该是内外兼修的。在《长袜子皮皮》这部作品当中，皮皮这个孩子表现出来的与众不同，如果从成人角度去看，会觉得这个孩子并不招人喜欢。但很多孩子都是这样的，他们对自我的管理能力还比较弱，难免有些调皮、不讲理等，让大人们不太喜欢。但是我们不能只看一个人的外在表现，而要重点关注他的内心，像皮皮，她善良、勇敢、坚强，也善于为他人着想。从审美角度来说，不要以貌取人，不要仅以外在表现判定一个人的品性，这是中国文化重视内外兼修的重要体现。孩子也是这样的，不要只重视外表，还要去关注自己的内心，尤其是自己品性的培养和能力的发展。

4. 作者的角度

作者林格伦没有站在大人的立场上去说教，更没有把大人的一些要求和观念渗透在作品之中，试图去麻痹那些孩子，而是真正站在儿童的立场上去关注儿童，去想儿童之所想，这是她在这本书中最想表达的也最重要的思想价值。一个大人或是一个教师想去教育孩子，一定要站在孩子的立场上，而不是站在自己的立场上，这是这部作品得以流传，甚至以后还会流传下去的一个非常核心的价值。

每一个人都有无限的可能，这是一个基本点，而人生没有起跑线，只要你愿意，在任何时候、任何地方你都可以起跑。皮皮就是这样的一个形象，她不受外人的影响，不受传统价值观念的束缚，能够不断地去表现，去发展，她还带动了她周围的孩子这样去做，这正是好的榜样所带来的力量。另外，这本书启迪我们不能仅从孩子爱不爱学习、淘不淘气等表面现象去看待和教育他们，而是应该激发孩子内在的力量，这正是这部儿童文学作品的文学价值之一。

这部作品带给读者的不只是思想领域、精神领域的启发，还有实践领域的启发。一个孩子不可能凭想象就能取得发展，他要每天去做事情进行实践。这本书的主人公皮皮会做很多事情：自己烙饼、做椒盐饼干、洗头、擦地板、掏烟灰、爬树……在这个做各种各样的事情的过程中才能够得到锻炼，而所有事情不是靠想象，靠所谓的神力，靠所谓的智慧的老爷爷教一下就能获得成功的，这是这部作品的文学价值较为集中和突出的一点。

一部作品的文学价值是多方面的，以上谈到的这些文学价值在林格伦的其他作品当中也有所体现。

三、确定教学价值

教学价值，是从教学的角度出发，对文本价值进行的选用与截取，常表现为利用书中的一些片段和例子来实现对某一方面知识的理解或某一项能力的强化。“一千个读者眼中有一千个哈姆雷特”，同样的道理，同样的内容让不同的教师来教，方式、方法、效果是不一样的。再者，教学价值本就是一个多元的范畴，任何一种教学价值取向都不可能成为唯一的价值真理。一本书拿过来以后，到底要教什么，要怎么去教，都是需要做出计划的。

（一）教学价值的三个层面

1. 理解内容，获取意义

一本书读完以后，如果不能理解其内容，显然阅读就没有起到真正的作用。所以说，阅读一本书，一定要理解书中的内容，并在理解内容的过程中去获取其要表达的意义。而《长袜子皮皮》这本书所要表达的意义是多方面的，如前面提到的文学价值，读者从它的道德观念、价值观念、情感表达方法、语言构造方法等方面都能够获取意义。

2. 领悟表达，发展语言

在阅读《长袜子皮皮》这本书时，很少有学生会主动地去看这本书具有怎样的结构，这本书的语言有什么特点。而作为教师，在课堂上要有意识地引导学生去领悟作者的写作思路和表达方式，引导方向可以具体到以下两个方面：一是研究这本书的结构，了解内容和架构是怎么一步一步推进并建立起来的。二是研究这本书的细节，了解故事、人物等是通过怎样的语言去进行描述的。通过这样的方式，不断进行研究，才能逐步培养学生的逻辑思维能力和语言组织、表达能力，这是教师教学和一般家庭式阅读、消遣式阅读、娱乐性阅读都不一样的地方，也充分体现了教师的价值。

3. 提高能力，形成素养

要想实现从理解内容、提升能力到培养学生的阅读素养的发展，教师就千万不要局限于教一本书的内容，只分析这本书有哪些人物，他们都干了什么，事情是怎样发生的，事情结局是怎么样的等，然后就不再深入，这对提升学生的阅读能力是远远不够的。为什么呢？因为这种教学是碎片化的、散乱的，不是高度集中的。前面提到过的教学价值，就是要实现学生对某一方面知识的理解或某一项能力的强化。天赋高的学生可能会更快地领悟和掌握某种能力，而大部分学生如果不加以强化训练，有可能终生都悟不出某些道理，也不能发展出某项能力。这就需要教师引导和帮助学生，在教学中或扩展性地、或总结性地开展阅读，不断地累积知识、开发潜力、提高能力，最终获得终身受益的阅读素养。

（二）教学价值的四个角度

1. 思维价值的角度

开展阅读教学，不仅是阅读一本书，更是要阅读作者的思维体系，这才是阅读最大的价值。就像叶圣陶先生说的，要了解作者心里是怎么想的。但是作者都是通过人物、情节等多个方面传达某些观点的，所以思维价值就需要教师从多个方面深度挖掘。

《长袜子皮皮》的思维价值可以从以下两个方面进行挖掘。

（1）多角度思考。皮皮在不同的情况下会有不同的表现，她有时调皮，有时勇敢，很爱幻想，又很诚实……能由此简单地判断皮皮是一个好人或坏人吗？不能。要多角度地来看一个人并进行思考，才能把他的情况了解清楚，才能做出较为正确的判断。同理，看待同一个问题时，也要从不同的角度出发，学会辩证地看待问题。看的问题角度有时候比挖掘问题的深度更重要，能认识到事物具有多面性，就是学生思维的一个进步。这个时候，就需要教师通过不同的文段、场景引导学生发现皮皮的不同面，分析皮皮到底是一个怎样的人。这同时也是对学生思维广度的一次锻炼。

（2）神力的作用。很多事情并不是表面呈现的那样简单，因此还可以在思维的深度上对学生进行训练。有深度的思维并不等于复杂的思维。比如，皮皮具有神力这件事，可以让学生描述一下皮皮都用她的神力做了什么事情，这是第一级思考；皮皮将神力几乎都用在了保护别人的时候，而不是做一些有利于自己的事情，这是第二级思考；当这本书中只有皮皮具有神力时，可进一步进行“能力有多大，责任就有多大”的思维拓展，这是第三级思考。设计的问题有层次感，有助于学生更深入地理解一件事情。因此，教师应对问题进行深度挖掘，注意培养学生的思维深度。

2. 情意价值的角度

（1）“好孩子”的标准。“好孩子”，是指很听话，教师、家长指东他不往西，从不乱提要求，也从不调皮捣蛋的“乖孩子”，还是指会惹点事情、搞搞小破坏，会更多地表达自己的想法，甚至有些叛逆的“调皮孩子”？这个“好孩子”的标准是所有人都比较纠结的，尤其是今天，大家发现“乖孩子”往往缺乏创造力。那么，“好孩子”的标准到底是什么样的呢？这也是教师在授课时，可以让学生去讨论的一个话题。

（2）同伴相处的方式。现在的家庭相对来说都比较封闭，每个家庭与其他家庭之间交流的机会比较少，这导致家长们并不了解孩子们在一起时的真实情况，而孩子们之间到底应该怎样相处，家长给出的意见也仅仅是浮于表面。而从《长袜子皮皮》这本书中就可以提炼出同伴相处的处理方式，比如皮皮去别人家做客和别人来她家做客时，看看他们是怎么相处的，他们之间也是存在很多矛盾的，这时教师就可以引导学生了解皮皮和同伴之间是怎样化解矛盾的，这一点对孩子们的成长非常有帮助。

3. 文体价值的角度

（1）童话中的夸张。所有的童话当中都有明显的夸张因素，这是童话的一个特点，而且较之于其他类的作品，这本书从内容到形式更显得出奇、大胆。比如，皮皮具有神力本身就是一种夸张，这样的夸张具有趣味性和幽默感，孩子们会很有兴趣去阅读。因为夸张以后的人物、场景与现实有很大出入，能够满足孩子世界的一些幻想，这样他们阅读起来一是比较轻松，二是他们能从中得到心理补偿和宣泄。而且，他们在体验主人公各种情感的过程中，能够认识到哪些是好的行为，哪些是坏的行为；什么是善良，什么是勇敢。这可以帮助孩子用内心的力量不断引导自己成长，并塑造积极的品质，树立正确的价值观。

（2）童话的故事结构。很多童话故事都是主人公要经历一系列困难，直到最后才有一个美好的结局，如《拇指姑娘》《白雪公主》《灰姑娘》等。但这本书显然不太一样，这种故事结构在这本书当中体现得不是特别明显，因此，教师可以拿这本书来跟其他的童话故事进行比较，和学生一起分析这本书与他们读过的童话故事的不同之处，这也是让学生认识《长袜子皮皮》故事特点的一种方式。

4. 语言价值的角度

这本书有的语言比较有特色，学生应当关注。

（1）描写人物的语言。作者对皮皮形象的描写非常立体，短短一段文字语言描写，一个奇怪又有趣的小姑娘形象便跃然纸上，这种从头发写到嘴巴再写到衣着的描写人物的方式，明显与以前接触过的人物描写不同，这也是学生可以从中学到的语言运用方式。

（2）对话的作用。对话对刻画人物非常有帮助，它能刻画人物的性格，也能推进故事的发展。比如：“‘天呀，你的马为什么在前廊里？’杜米问。据他所知，所有的马都应该养在马厩里。‘怎么说呢？’皮皮说，‘把它养在厨房里，走路不太方便，养在客厅里它不适应！’”短短一组对话，就体现出了皮皮思维跳脱的独特之处。所以教师可以鼓励学生写文章时多写写对话，并带领学生去探讨这些对话有什么意思，在这本书当中起到了什么作用。

（三）教学价值如何实现

1. 确定教学目标

一本书的内容是非常丰富的，我们不可能把所有的东西都挖掘出来讲给学生听。有的教师讲解一篇课文都要两三节课，如果是一本书，就可能要用好几个月，显然这是不切合实际的。所以教学时要进行取舍，要根据它集中体现的文学价值和教学价值来确定这本书的教学目标。

2. 提供教学材料

一是关于作者的材料：这本书的作者是一个什么样的人，他有什么样的从业经历，他为什么要写这本书，作者自己是怎么评价这本书的。这些在书中一般是不太会出现的，得到的仅是作者简介，更全面的材料需要教师再去搜集。二是关于时代背景的材料：这本书是哪个国家的文学作品，这本书大概的写作时间和这本书所呈现的时代。比如，有的书是作者在 50 年以前写的，而书中的内容又是他写作时 100 年以前的故事，这就需要教师把 150 年以前的那个时代的社会、历史、文化等都给学生呈现出来。当然，随着年级的增加，这些任务可以交给学生自己去做。

3. 设计教学过程

要根据教学目标和教学材料来设计教学过程。教学过程不只是几个板块的罗列，它应该是一个有组织、有设计的教学流程。

（1）结构。第一，介绍作者；第二，探究人物，先探究主人公皮皮，再延伸到其他人物；第三，得出结论，就是从多角度思考皮皮有哪些方面的特点，让学生进行评价、反思、总结，最后得出结论。

（2）工具。有时教师会太重视学生互相之间的讨论、交流，而忽略了一些支撑教师教学和学生进行理解的工具。

第一个是概括人物特征的图表。比如，先列出皮皮的几个特点，然后让学生在每个特点下边添加证据（文字、对话等）。第二个是故事的结构图，概括故事到底是怎么发生的，由多少个小的故事组成，最后的结局是什么样的……通过填写这样的图表，让学生了解并掌握整个故事的结构。

（3）任务。读整本书其实是一个比较大的工程，不像教一堂课那样简单，所以要有一个核心的任务让学生去完成，这样学生也比较主动，自主探究的学习方式才能得以实现。

教师从一开始就要确定一个核心任务，让学生带着这个任务去读整本书。而这本书的核心任务，就是判断皮皮到底是怎样的一个人。比如，说皮皮很调皮，理由是什么？说皮皮很善良，证据在哪里？……这有助于学生把任务集中并整合起来，而不至于掉在某个细节中。

（4）评价。学生读过这本书了，可是怎么才能够把他们读懂了的东西表现出来呢？教师可以给学生布置作业：判断皮皮是怎样的一个人。让学生将总结的有关皮皮的特点，通过简报、人物图表、读书笔记、读书反思、摘抄好词好句等方式呈现出来，然后大家相互交流、相互评价。另外，评价时要注意避免出现重视讨论交流而不重视作业，或者重视作业而忽略讨论交流的偏差，教师要重视成果，又要重视评价。

（5）反思。一是让学生反思。反思他是怎么读的，指向阅读的过程；他读到了什么，指向阅读的结果。二是教师的反思。反思实施的教学过程是否合理，想实现的教学目标实现了没有，再教同类型的书时应该怎么做。

其实，体现一本书的教学价值，可以凭借下面这样一个简单的结构：第一是教什么，就是教学目标的确定；第二是怎么教，就是教学过程的设计；第三是教得怎么样，就是教学评价。

四、思考教学策略

教学价值要根据文学价值、学生年龄特点以及一本书本身的特点去确定，而在教学过程中，有了好的作品，有了明确的目标，还需要具体的方法去实现。只有方向而没有方法，即没有用对教学策略，学生的所得将是有限的。

教学过程的重点应该有两个方面：一是任务，即到底要完成一个什么样的教学任务；二是工具，即使用什么样的学习工具支持学生完成学习任务。

（一）设计阅读任务

设计阅读任务就是让学生明确学习任务，并给他们提出要求，让他们带着任务去读整本书。

1. 任务的时间分配

（1）读前任务。一本书拿到后，学生还没有开始阅读，就要提前布置任务，这样学生阅读时目标比较明确。

（2）读中任务。学生阅读了一段时间之后，如果发现学生读得不太深入或者学生阅读的兴趣不高，教师可以适当布置一个任务，引导学生深入阅读，调动学生的阅读积极性，使阅读能往下进行。

（3）读后任务。整本书读完之后，教师可以设计一个综合性的任务让学生去完成，促进学生阅读能力的提升。

这三个任务因布置时间不同，目标是不同的。读前任务是要指导学生怎样去读这本书；读中任务是要增加学生的阅读兴趣；读后任务是要检验学生读书的效果，加深学生对书的理解。

2. 任务的形式

（1）问题探究。就是教师提一个问题或者几个问题，让学生顺着问题去分析、讨论、研究。

（2）整合作业。不要总让学生只谈问题，也不要让学生过多地进行讨论，而要让他们把自己的见解进行整合，通过完成作业的形式呈现在纸上，这样就容易把阅读后的所得固定下来。教师也容易了解学生是怎样进行思考的，怎样搜寻信息的，怎样来形成解释的，对某个人物的看法又是怎样形成的。

（3）实践活动。“纸上得来终觉浅，绝知此事要躬行。”对于阅读这件事，只了解书的内容终是浅薄的，重要的是要了解书中的思想，这需要思考，亦需要开展实践活动，才能真正将知识变成自己的。实践活动有时候可以针对这本书某一方面的内容，有时候可以针对学生的个人发展。当然，在课堂上经常会用到的是问题探究和整合作业这两种形式的实践活动。

（二）选择思维工具

1. 把握作品主要特征的工具

（1）文学作品阅读记录表。

题目：____________________
作者：____________________
体裁：____________________
两个重要角色
__________&__________
两个人物各自的一个特点：
____
____
两个人物的相同之处：
____
____
一段有趣的话：____________________
其他有趣的话：____________________
其他有意思的话：____________________
两个人物的不同之处：
____
____
你的观点：
____
____
故事的主题是：
____
____

“题目”“作者”“体裁”，这是一本书的基本信息。有时候教师会重视前两者而忽视了体裁——这是一本童话、一本小说，还是散文集。要给学生这样一个任务，让他们有区分文学作品体裁的意识和能力。显然，《长袜子皮皮》这本书的体裁是童话。

《长袜子皮皮》里边的“两个重要角色”，第一个肯定就是皮皮，第二个就很难区分了，是杜米、阿妮卡还是其他人？要让学生自己去判断。“两个人物各自的一个特点”，可以从文字描写中提炼出两个人物的特点，这是对学生分析能力的锻炼。再就是“两个人物的相同之处”和“两个人物的不同之处”，比如相同之处可以说他们都是男孩或女孩、都喜欢美食等，不同之处则可以比较人物性格的不同或者观点的不同等。

“一段有趣的话”“其他有趣的话”和“其他有意思的话”这三部分则是要择取书中几段有趣的话，最好能与人物的特点挂钩。

“你的观点”和“故事的主题”则可以呈现学生对故事的理解程度，也能锻炼学生的思考认识能力和阅读总结能力。

大家看这张表，实际上是非常有意思的，主要分为书的基本信息、书中的基本的语言表达、角色的特点以及故事的主题这四个部分。这其实就是阅读完一部作品以后的一个记录表，即便不经过教师的指导，学生自己也可以完成它。这个表格可以在阅读以前就给学生，学生就会知道这本书的阅读重点是什么了。

（2）KWL 表格。

书名：

K（What I Know） **我所知道的**	W（What I Want to Know） **我想知道的**	L（What I Learned） **我学习到的**

第一列指向“我所知道的”，即学生读完整本书以后从中获得的信息，比如：书名是《长袜子皮皮》，主人公是一个活泼开朗、勇敢善良的小女孩，她有两个经常一起玩的好朋友叫杜米和阿妮卡，等等。第二列指向“我想知道的”，比如：皮皮用不完的钱都从哪里来的？皮皮最后长大了吗？第三列指向“我学习到的”，比如：我们要像皮皮那样善良、勇敢、乐于助人，也要像她一样做一个乐观向上、活泼可爱的孩子。

这个表格可以在阅读前给学生，告诉他们参照表格中提示的方向，边读书边思考边总结。当然这个表格也可以在阅读中或阅读后给学生，有利于帮助学生去梳理他们的阅读步骤和阅读成果。

（3）韦恩图。

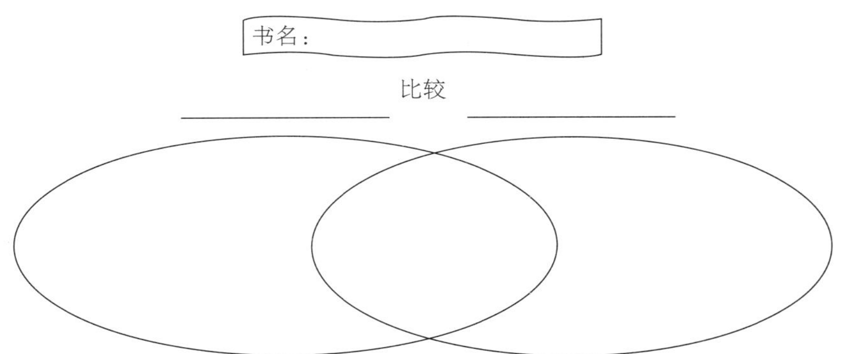

比如，将皮皮和阿妮卡这两个人物进行比较。她们的相同点，比如她们都是女孩、都喜欢吃、都喜欢玩游戏、都喜欢做手工等，可以填写在两个椭圆交叉的部分。她们的不同点，比如皮皮有神力而阿妮卡力气很小、皮皮非常勇敢而阿妮卡就是一个普通的小女孩等，可以分列在两个椭圆非公共的部分。这张图在阅读过程中就可以给学生，让学生在阅读过程中去寻找、去发现。这个图在阅读后给学生，也能培养学生分析和概括内容的能力。

我引用这三张图表是想告诉各位教师，在阅读前、阅读中和阅读后都可以给学生什么样的任务，这种任务是以什么样的形式来呈现的。因为我们很多教师特别重视学生意义的阐发、情感的获得和价值观的养成，却不太重视对学生思维条理化、逻辑化的培养。因此，我希望教师能常常在网上进行搜索，现在讲如何阅读的书很多，大家可以看看作者有哪些阅读理论，他们又是如何将自己的阅读理论付诸实践的，其中肯定用到了一些可参考的图表工具。

2. 人物特征图

在学生进行阅读的过程中，显然是会关注到人物的，如这本书当中的主人公是谁、有哪些主要人物、他们做了哪些有趣的事情等，这时候就可以绘制人物特征图来帮助学生深入地、多元化地、多角度地理解人物。

（1）性格特征图。

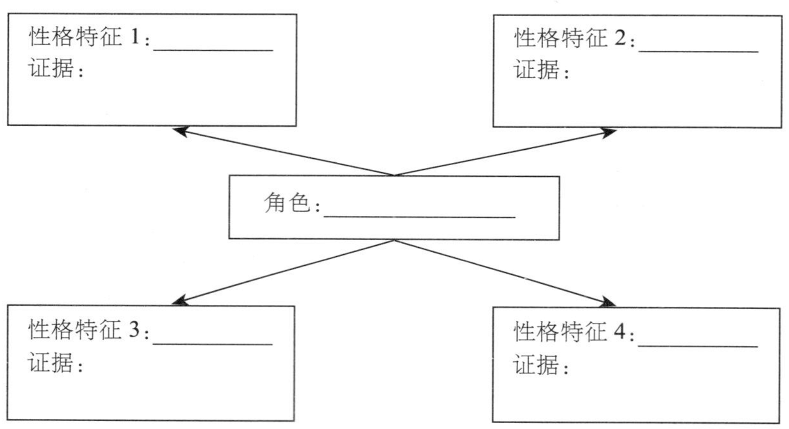

这幅图可以帮助学生从多个角度去认识、理解一个人物的性格。最中间的“角色”部分填写人物的名字，如皮皮或者长袜子皮皮。围绕“角色”四周可逐条填写人物的性格特征，比如性格特征 1：皮皮很善良。然后通过文中的段落描写列举几个证据：她总是帮助朋友们解决各种难题，她抓住小偷没有报警还请他们吃烧饼，她给小朋友们买玩具和糖果等。再分别标注上所引用的文字所在的页码。上面这张图只提到了四点特征，教师可以根据实际情况进行拓展。过去学生在总结人物性格特征的时候，经常会死板地用勇敢、坚强、自信、友善等这些格式化、概念化的词，范围很窄。教师应该让学生放开心灵，放开手脚，大胆地去说、去写，广泛采纳学生的观点，引导并帮助学生更生动地进行表述。

另外，过去学生判断一个人的时候，通常会比较笼统地评价这个人是好还是坏，比如对于皮皮是一个什么样的人，大家会说皮皮善良、勇敢、爱帮助别人，是一个好孩子，主要表现在哪些方面。但是皮皮不爱学习、爱捉弄人，还喜欢撒谎，这是不好的表现，此时学生就不知道该给出一个怎样的结论了。因此，教师要引导学生不要简单地、二元对立地思考问题，而应该多元地思考、评价人物。所以，这幅图还有一个重要的作用就是帮助学生多元地去看待一个人物，去了解一个人物。

这幅图结构简单，操作简便，学生还可以按照自己的意愿丰富它，比如可以把图中的方框改成椭圆、花朵，还可以把它变形成思维导图的形式等，但不管怎么改变，它的实质是不变的，都是对这个角色性格特征的一种体现，可以帮助学生多角度、多元化地去理解一个人物。

（2）外貌及行为特征图。

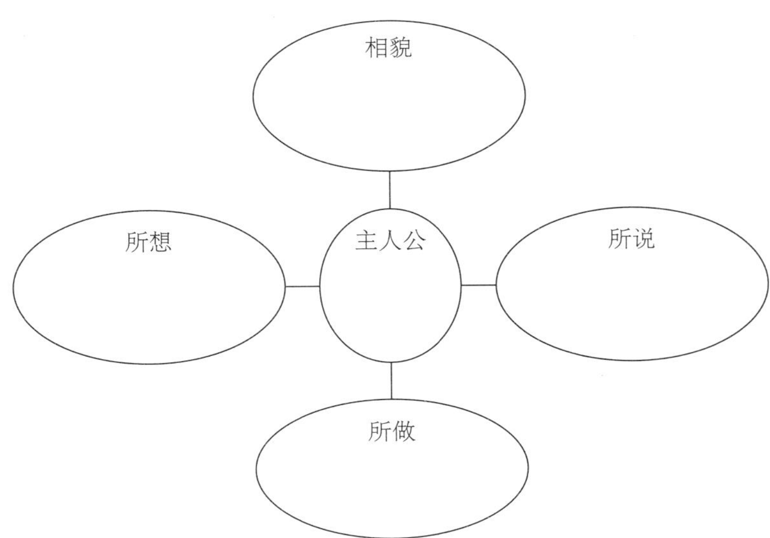

图中围绕主人公所列的“相貌”“所说”“所做”“所想”这四个方面就是指我们平常所说的外貌、语言、动作、心理，从这四个角度分析可以帮助学生理解作者是怎样塑造一个人物形象的，也有利于学生从不

同的侧面去了解主人公。比如，中间填上皮皮，而皮皮的相貌就是那段从她的辫子、她的脸，到她穿的衣服、她的鞋等方面进行描写的文字，从而突出了皮皮是一个奇怪又有趣的小女孩。同理，她所说的、所做的、所想的，也可以从原文中找到很多并列出来。

教师还可以在这幅图上再加上一些联系，或者让学生发挥他们的想象力，除了填写文字，还可以去画一画，比如让学生基于书中的文字描写凭借自己的想象画出皮皮的样子，再结合其他几个方面的描写，丰富和完善皮皮的形象，这样学生不会觉得枯燥，会觉得比较有趣。

3. 故事结构图

故事结构其实就是故事的骨架，起到支撑整个故事的作用。通过绘制故事结构图能够发展学生的思维：第一，让学生去看看作者是怎么进行思考的，能够帮助学生学习作者的思维构造方式；第二，每个学生都有他自己的想法和他自己发现的重点，学生作为读者是怎样进行思考的，能够通过绘制故事结构图表现出来。

（1）归纳主要内容图。

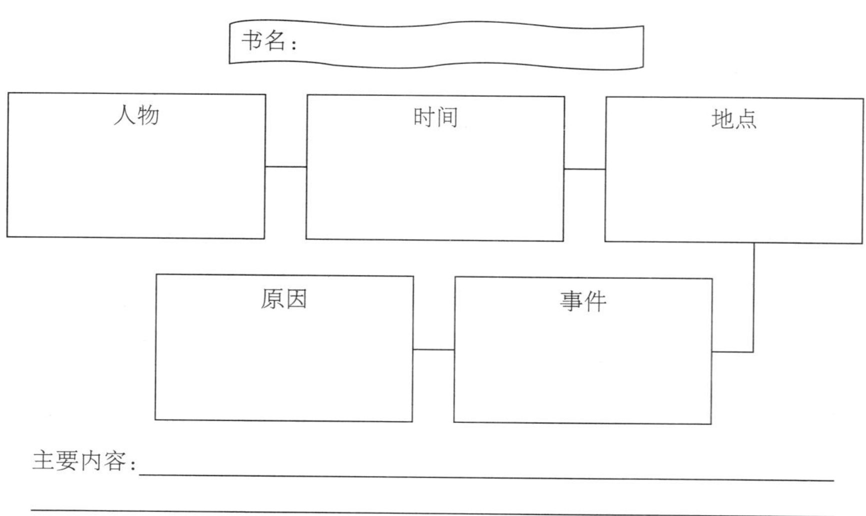

对于一本书、一篇文章的故事结构，过去教师都比较重视归纳其主要内容，但是随着课改的推进，对归纳主要内容已有所忽略。其实从

三年级开始，学生就应该逐渐学会归纳段落、篇章的主要内容，到了四年级就应该学会归纳一本书的主要内容，这是对学生逻辑思维能力和提炼、概括能力的培养，教师要尤为重视这一点。

这里要强调的是，整本书不像一篇文章，一篇文章可能也就一两件事，而一本书涉及的时间、地点、人物、事件等有很多。所以，教师在训练学生的时候，不能一开始就让他们归纳整本书的主要内容，这显然是有一定难度的，而且书中故事跳跃性较强，学生容易思维混乱。所以建议教师可以让学生每读一章就归纳一章的主要内容，最后再把这些主要内容串连起来，修改、整合后作为整本书的主要内容，然后以表格的方式呈现。

（2）故事发展图。

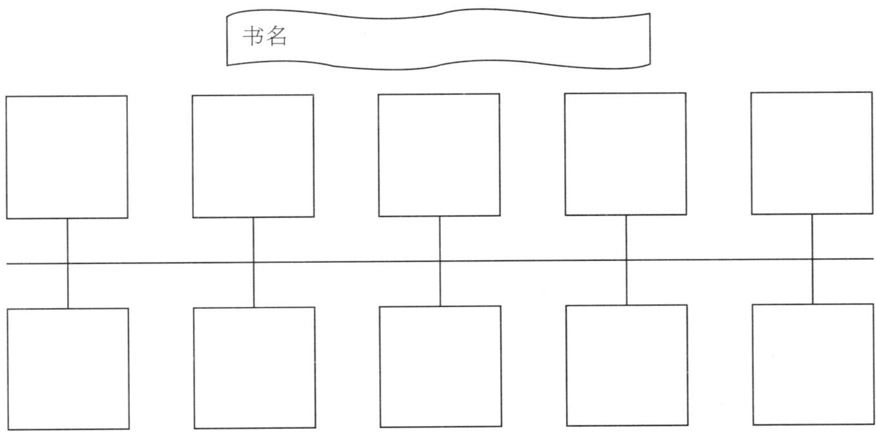

这幅故事发展图横线以上的方框内，可以按照整本书的章节按部就班地进行填写，第一章讲的什么故事，第二章发生了什么事……也就是把前边归纳主要内容图里的所有内容再概括一下，分别填在方框里。横线以下的方框内，可以填时间。如果一章里面有两个重要事件，则可以填到线上的两个框里。当然学生也可以根据需要再加一些框来丰富这张图。另外，绘制故事发展图时，教师需要提醒学生，在梳理故事的时候要挑选重要的部分，不要把细节写进去。

（3）故事板。

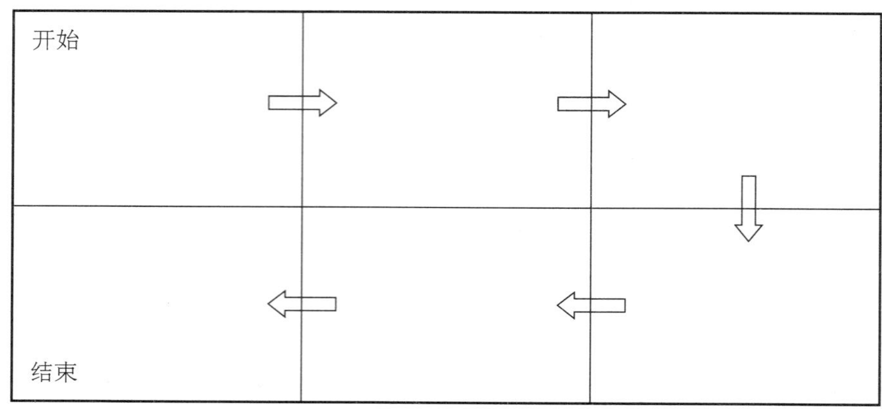

故事板，顾名思义，就是一个讲故事的板子。从开始讲起，沿着箭头讲下一步发生了什么，再发生了什么，接着发生了什么，最后发生了什么，随着故事情节的推进，将方框一个接一个地串联起来，形成一个完整的故事。这样的图显然比较适合三、四年级的学生，有了前面归纳主要内容图和故事发展图的练习，他们做这个不会有太大的难度。这个故事板也可以作为前两个图的一个前提，先让学生把故事板写好，然后再提炼更加精简的内容，填在归纳主要内容图和故事发展图的方框里面。

（4）故事地图。

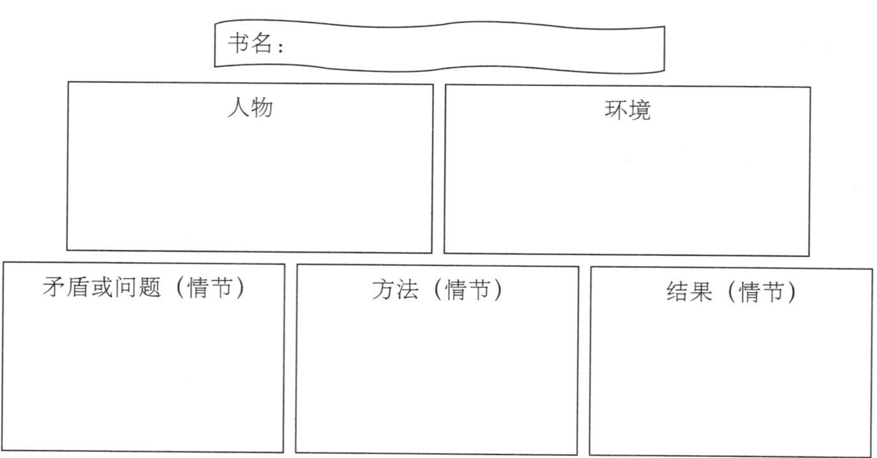

这幅图中的“人物”可以选皮皮、杜米、阿妮卡等；“环境”指故事发生在什么样的场所和情况之下，这里可以选择皮皮的家、学校、马戏团等；“矛盾或问题”就是产生了什么样的矛盾，有了什么样的问题；“方法”就是这些矛盾和问题都是怎么被解决的；“结果”指的是故事的结局。显然，图中“矛盾或问题”“方法”“结果”这三方面都属于情节部分，也可以把它们定为细节，就相当于我们要写一个故事，至少要包括人物、环境和情节这三个基本元素，就是什么情况下，有什么人，发生了哪些事情。对故事的元素进行提取，有利于学生对故事结构的把握。

（5）故事推进图。

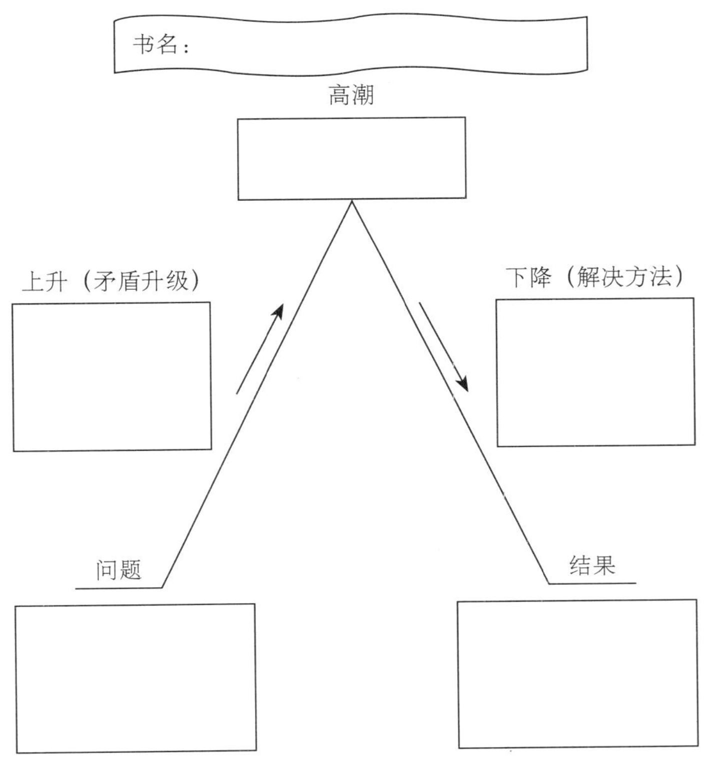

这个图显然是要重视故事情节的推进，并且故事情节的层层递进是通过上、下这种关系来表现的。如开始的“问题”：皮皮和朋友们用珍珠打弹子玩，有两个强盗听说了就决定来抢皮皮的珍珠。然后皮皮与强盗之间的矛盾“上升”：最开始强盗试图骗皮皮，他们是来买珍珠的，皮皮没有上当。故事逐渐发展到“高潮”：强盗决定动手抢，结果被皮皮轻而易举地打败了。之后矛盾“下降”：皮皮将强盗扔上了船，强盗开船离开了。最后的“结果”：皮皮他们又恢复到了原来的生活，强盗再也没有来过。每个部分都用简练的语言进行总结，这使得故事推进图更有细节，也更形象化。

4. 故事主题图

除了对故事、情节、人物等进行探讨以外，还要去探讨故事的主题。比如经过探讨，得出了皮皮是自由的象征的结论，那就用“自由”二字替代图中中间位置的“主题”二字。然后从六个方面对“自由”展开讨论。这是一种六面型的讨论方式，就是每组六个人，每个人负责一方面，或者把全班分成六个组，每个组负责一方面。

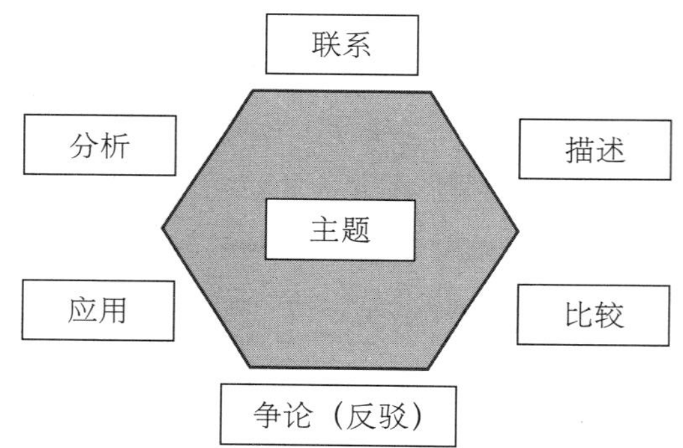

“分析”：就是分析一下你是从哪里看出皮皮是自由的。

“联系”：联系书中的种种表现，来看皮皮是不是自由的，或者从学生的角度来证明皮皮是自由的。

“描述”：通过书中细节的描述来体现皮皮是自由的，也就是找出书中与“自由”相关的文字描写，并把它们或陈列，或提炼，或总结出来。

“比较”：将皮皮与书中其他人物之间的差异进行对比，看是不是体现出了皮皮自由的一面。

“争论（反驳）”：对“我认为皮皮也是不自由的”“我认为皮皮这种

自由是不好的”等观点进行讨论分析。

“应用”：从皮皮身上能学到什么呢？将那些值得学习的地方应用到自己的生活当中。

其实故事主题图就是让学生从不同的角度去看待同一个问题，尤其是对书中的主题进行讨论。

5. 整合运用图

（1）鱼骨图。

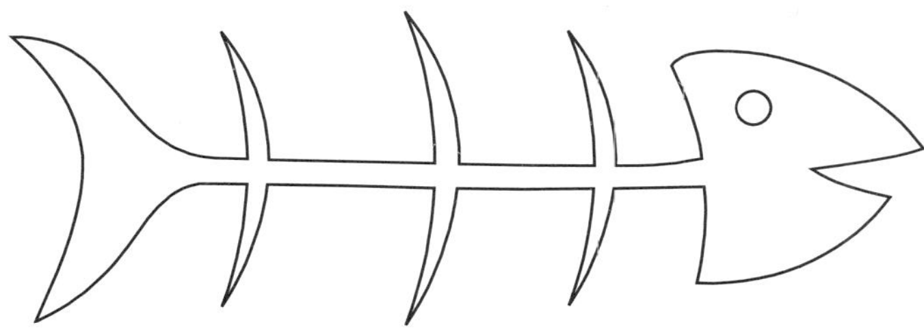

这是一张鱼骨图，它的鱼头、鱼尾及鱼骨上下部分都可以根据需要填写内容，每根鱼骨上还可以根据需要添加若干小鱼刺。可以用来分析人物特点，也可以填写故事的发展等，如上边可以填写故事的发展顺序，下边可以填写时间、事件等。采用这种图可以帮助学生梳理故事情节，还可以让学生初步了解用思维导图的形式梳理故事脉络的方法。

（2）故事屋。

《　　　　　　　　》

角色	遇到的困难	发生的变化	故事

屋顶里边填这本书的书名《长袜子皮皮》，“角色”有皮皮、杜米、阿妮卡，当然还可以是其他人物。然后要分析这本书中人物角色遇到的困难、发生的变化以及故事的结局是什么。这里需要注意的是“发生的变化”，就是这个角色在这个情节之中有了哪些成长，这是读童话故事时都需要关注的一点。学生通过阅读可以发现，书中的人物角色不是一成不变的，包括皮皮。比如，皮皮虽然一开始就有神力，但如果没有杜米和阿妮卡的介入，她可能还会停留在原来的阶段，正是因为杜米和阿妮卡进入了她的生活，才给了她帮助他人、解决困难的机会，从而使她获得了很多启发，并且慢慢地发生了变化。

另外，教师不要忘记提醒学生填上姓名和班级。为什么要强调这一点？很多时候学生写作业也好，作图也罢，往往会忽略掉自己的署名。首先，署名是一种权利：这是你的作品，是你思想的结晶，是你辛苦劳动的成果；再者，署名也是一种责任：你要对自己的作品负责任，你不要瞎写、乱写，写一些你没有经过思考的东西。教师要多强调并提示学生几次，他们就会慢慢记住了，这样也能培养学生的权利意识和责任意识。

（三）突破重难点的方法

读整本书教学的重难点的突破方法，主要有以下四个。

1. 掌握时机

教师突破教学的重难点时要注意掌握时机。一般地，突破重难点部分尽量要放在阅读中和阅读后。阅读前只是给学生一些基本的人物介绍和一个基本的故事框架即可，千万不要把太难的问题、太难完成的任务直接放在阅读前，除非学生读同类的书读得比较多了，教师才可以布置一些有难度的任务。

2. 工具支持

前面所列的一些表格或者图，都是我通过多年看美国教师的教学，以及阅读一些有关阅读教育方面的书籍总结出来的。而现在的网络中也可以看到多种多样的思维导图、表格等，下载起来很方便，教师可以参考。另外，我也呼吁各位教师根据自己的教学情况自行设计教学工具。

3. 完成作品

千万不要让学生养成空谈的习惯，一定要让他们有作品，这里所说的作品可以是作业，也可以是写读后感之类的小作文等。光说不练，短时间内可以让人们看到学生良好的沟通能力和所谓的积极性，但是只停留在口头上，时间长了人们就会发现这只是浮于表面，并不踏实。哪怕是填看起来好像很简单的表格，也是需要经过训练的，比如要填得简练就需要分析、取舍、整合等，不是直接抄写书中的句子这么简单的。

4. 评价反思

首先，评价反思的主体是学生，要让他们将自己完成的作业与其他学生完成的作业进行对比，然后通过分析，了解自己的不足并进行改进，了解自己的优点并发扬光大。其次，教师要进行评价反思，批改学生的作业时不能武断地说，你做得好，他做得不好，而应该有一个指导性的评价：他为什么没有做好，是因为思维本身有些混乱，还是没有表达好。另外，教师也要反思自己的教学设计，这样教师才能在不断的改进中获得教学生读整本书的能力。

五、读整本书的教学建议

（一）给学生操作的时间和空间

教师布置了作业，就要留给学生做作业的时间，不能匆匆结束。再者，要给学生阅读的空间，不能限制得太死，要求每一个学生掌握的内容都一样。这在读整本书的教学中是不可能完成的，原因就在于整本书中涉及的语言环境和事件等特别多，学生选取的重要的事件或者他们表述的方式是不一样的。

（二）给学生适当的方式

不同学生的习惯是不一样的，有的学生喜欢用画图的方式表达，而有的学生则喜欢以写作的方式表达。教师要允许学生百花齐放，同时也要鼓励学生采用多种方式进行学习，如采用图表的形式可以促进学生的思维结构化，采用写作的形式可以提升学生的文字表达能力等。

（三）给学生及时的反馈与指导

在读整本书的教学中，学生遇到问题，教师要及时给予指导。比如学生不明白某张图表应该怎么填，教师就要对图表进行讲解或者是给他们做个示范，让学生参考。读整本书的教学是需要师生共同参与的，不能把读整本书的教学搞得很条目化、很图表化。如果读一本书就是填一堆图表，学生就会觉得读整本书是一件很苦闷的事情。一本书差不多配两三张图表就可以了，比如关于人物、关于故事结构的图表，教师要做一下选择，想想到底是要培养学生的什么能力，是抓住故事的细节、总结故事梗概、梳理故事的结构，还是了解人物的特征、人物的性格，不能所有的都做，而要根据这本书的特点和现实情况做出取舍。

第三节
读整本书教学与其他材料阅读的联系

为了更全面地认识读整本书，有必要讨论以下问题。

一、读整本书与课本教学

读整本书作为语文教育的重要思想，应该在整个语文学习过程中得到重视。语文教育体制内的读整本书还是要完成语文教育的任务。如果让整本书在语文课程中占有足够的分量，势必要改革课本的教学，除了教师要少讲以外，还应该整合单元，实现单元整体教学，提高教学效率，节约时间给读整本书。

统编版小学语文实验教科书在编排上，每一个单元都有单元主题。进行单元整体教学，可以把一个单元当作以单元主题为题目，以每篇课文和积累运用为段落的一篇“大”文章；也可以把一个单元当作以单元主题为书名，以每篇课文和积累运用为章节的一本“小”书。这样的教学可以使师生具备整体观念，能够使教师走出语文教学逐段分析的误区，能够对学生进行精读指导。学生在课内有了整体的观念，就为读整本书做了观念上和能力上的准备，使读整本书成为可能；有了精读指导的准备，读整本书就能够高效。

当然，单元整体教学因为年段不同，表现形式应该不同，精读指导重点也不同。一、二年级宜以“识字”为整合点，指导重点是通过词句的比较理解、朗读课文。三、四年级可以以单元主题为纲，整合课本内容，指导学生学习，指导重点是通过推敲句段理解内容、体会情感、领悟表达效果。五、六年级以单元主题为发散点，整合课内外内容，以学生自学为基础，指导重点是通过句段和篇章的对比体会情感、领悟表达效果。

二、读整本书与网络阅读

网络阅读已成了语文教学不可回避的命题。语文教师不能谈“网”色变，有条件的学校，可以把网络文字纳入读整本书的范围。

泛泛的网络阅读，可以锻炼学生的浏览与速读能力，还可以锻炼学生的概括能力。中、高年级的学生可以在教师的指导下阅读网络文字。教师可以采取阅读比赛的形式，让学生在规定的时间内读完内容，并总结、回答读到了什么，也可以让学生用词句概括内容；通过指导学生搜索关键词语、搜索作家作品等方式，让学生学会在纷繁的文字中筛选信息；可以采用让学生从网络文字中挑错误的形式，锻炼他们的文字表达能力；通过网络文字与书本文字的比较阅读，让学生感受作品的精致程度，提高学生的文字鉴别水平。通过对比网络阅读与书本阅读的感觉，多数学生能判断出孰优孰劣，并且知道哪方面优，哪方面劣，从而促进学生合理使用网络。

有指导的网络阅读，不但可以提高学生的阅读能力，还可以提高学生抵抗不良信息的能力。

三、读整本书与自由阅读

自由阅读是很多学者、作家倡导的。不少学者、作家写的回忆文章中都曾反复谈到自己的阅读经历，他们认为童年时代自由、放松甚至是偷偷进行的阅读使他们拥有了文学细胞、学术因子。在他们的认识中，阅读应该是无拘无束的，统一的阅读和教师的指导会破坏其阅读情绪，让阅读失去魅力。这样的言论影响了不少人，甚至有些教师认为完全可以由着学生自己去读。撇开那个时代可读的书有限不言，这些学者、作家之所以成功是与他们始终保持着持续阅读、终身阅读的好习惯有很大关系，也与他们善于思考，能够在阅读中思考判断，也就是通过阅读，用自己的方式获得了丰富的阅读经验有很大关系。

阅读的目的不是为了培养学者、作家，而是为了培养具有阅读能力的人。学校教育的根本出发点，就是让所有走进来的人有所收获，让所有走出去的人成为新我。读整本书是学校语文课程内的阅读，同生活中的自由阅读、消遣阅读不同，它关注阅读方法的习得和阅读习惯的培养。读整本书要通过阅读整本书达到语文阅读教学的目的，要读有所获，所以读整本书要在统一阅读的情况下进行，是需要统一进行指导的，学生在读整本书的基础上再去自由阅读，收获会更多。

四、读整本书与不同来源的读物

读整本书应该是在所有的地区都可以实现的，农村中小学更应该把读整本书作为提高教学质量的重要途径。书的来源可以有多种途径，不能读书可以读报，不能读报可以读广告，关键是要把有汉字的东西教给学生，教得越多越好，越早越好。由此看来，读整本书的“整本”不是单指物理形态的一本书，还是一种整合的思想、一种整体的意识。

不同的地域，条件不同，读到的读物也会有所不同。而养成阅读能力关键在于多阅读、习得正确的阅读方法，阅读材料不必非是名作，只要内容和形式都没有问题，就可以拿来读，学生读了就会有益。

五、读整本书与其序列的构建

关于读整本书，本书中所讨论的，还只是一些思考和尝试，要想在小学阶段的三个年段之间建立相对科学、完整的读整本书序列，还需要在实践中不断思考和改进。对于怎样实现幼小衔接、实现小学和初中的衔接、实现初中和高中的衔接，都是教师需要思考的问题。这种衔接，表层的意思是阅读书目的一脉相承、有意识的分段阅读，深层的意思则是阅读能力、阅读习惯的内在序列化，保证学生能够通过读整本书实现阅读水平的递进式或者跳跃式前进。使读整本书成为语文课程的重要组成部分，成为学生生命中不可或缺的体验过程，还需要更多的有识之士进行更多的研究和实践。

因为在学校的语文教育教学中还没有确定的读整本书序列，所以首先要解决教科书教学和读整本书的矛盾，现在主要的解决方法是提高教科书教学的效率，压缩教科书教学的时间，同时保证教科书教学的质量。另外，读整本书还需要语文教师能够创造性地开展教学，把读整本书与现在的语文教学实际结合起来，让读整本书走进课堂，走进语文教学，走进学生的生命历程。

本章小结

要点提炼

1. 在学校范围内的读整本书教学是为了学生的发展，其目标是积累学生的阅读经验、培养学生的阅读能力、发展学生的阅读素养。

2. 对读整本书的讨论，重点不只在于“深度”，还在于“角度”。

3. 阅读的课型可以从三个角度来考虑：一是教师教学设计的角度；二是学生阅读实践的角度；三是自由阅读的角度。

4. 读整本书教学可以分为三种重要的课型：导读课、体验课、讨论课。

5. 教学过程的重点应该有两个方面：一是任务，即到底要完成一个什么样的教学任务；二是工具，即使用什么样的学习工具支持学生完成学习任务。

阅读思考

一、读整本书教学为什么要分课型？

二、你认为读整本书的教学设计应该从哪些方面考虑教学价值？

三、你认为读整本书教学与其他阅读方式的联系与区别是什么？

阅读行动

一、根据你的判断，你比较擅长哪种教学课型？请选择一本书，确定它的教学课型。

二、根据你确定的教学课型，进行一本书的教学设计。

三、你的教学设计在实施的时候，要注意什么？

第三章　指向阅读经验的读整本书教学

CHAPTER 3

本章导读

阅读经验是学生经历阅读过程后获得的体验。读整本书教学重点在于设计阅读的过程，希望学生能够充分经历，获得个人的独特体验，为今后的阅读打下基础。

本章选取了三个案例，通过对不同类型的书的讨论交流，使学生建立整本书的概念，对不同类型的书有所把握，对书中人物、故事结构、主题内涵等有深入的理解。这些是阅读理解的基础，也是进行所有故事类书籍阅读的前提。

案例中使用的方法，有可借鉴之处，如根据图画内容推测故事的发展、对问题进行分类等，这些都是在培养学生的思维能力，也是阅读的本质所在。

因当时的认识所限，案例中对书的表现形式没有进行太多研究，所以教学还有很大的改进空间，需要读者引起注意。如何让学生关注到表达形式，如何理解作者遣词造句的准确，也应该是读整本书教学的关键，这是阅读素养的显性指标，需要从作者那里学习语言，也要学会自己运用语言。

第一节

读懂人物

——一年级《图书馆狮子》讨论课教学实录

背景说明：

2015年4月23日，在清华大学附属小学商务中心区实验小学，我和一（1）班的学生一起阅读了《图书馆狮子》这本书。

4月23日是“世界读书日”，选择这个日子和一年级的学生共读《图书馆狮子》，是希望他们在童年里，能够把图书馆作为最好的去处，能够欣欣然地把读书作为第一乐事。

学生之前并没有读过这本书，我用屏幕展示了这本图画书，和学生边读边讨论。现在偶尔在学校里遇见这些学生，他们还会向我提起我给他们上的这节课，他们竟然还记得其中一些细节，我颇感欣慰。

本节课的教学设计分为以下几个部分：

观察封面，推测故事；观察图画，讲故事；讨论人物。

一、观察封面，推测故事

师：我们来看看今天要读的这本书（PPT出示封面封底的展开图），这本书叫——

（生齐读书名。）

师：《图书馆狮子》，谁知道“图书馆狮子”是什么意思啊？

生：在图书馆里有一头狮子。

生：图书馆里的狮子。

师：这两位同学说的是不是一个意思啊？还有其他不同的意思吗？

生：在图书馆里写书的狮子。

师：哦！有了图书馆，还有了做什么——狮子在图书馆里写书。

生：爱看书的狮子。

生：狮子在图书馆里看书。

师：这两位同学说的意思又是一样的，指出狮子在图书馆里在做什么——看书。还有其他不同意见吗？

生：应该是图书馆里有一本书叫《狮子》。

师：图书馆里有一本书，书名就叫《狮子》。还有吗？

生：可能这头狮子在图书馆里工作。

师：哦！狮子在图书馆里工作。

师：同学们，你们推测的根据是什么呢？

生：根据这张图片。

师：根据这张图片，图片上有什么？

生：图片上有一头狮子，还有好多书。

师：哦，图片上有狮子，还有后边的书架（指图），这是你的推测。这位男同学，你来说一下。

生：我觉得图片左边的狮子好像是在用它的尾巴打扫书架。

师：哦，左边是书的封底，就是一本书最后的那一页，图中的狮子把它的尾巴当成了什么？（手做拂尘的动作）

生：扫把。

师：好！狮子在给图书馆打扫卫生。除了狮子，你们还看到了什么？

生：还有两个小朋友。

师：两个小朋友在干什么？

生：看书。

生：他们把狮子当靠垫。

师：哦！这个小男孩和小女孩靠着狮子在看书。（指图）

二、观察图画，讲故事

1. 看图听故事

师：好，同学们，我觉得你们都特别了不起，为什么？就是这么简单的图，五个字，你们就想到了那么多故事，特别棒！那么故事到底是什么样的呢？我们一起来看一看吧。

师：好！故事开始。（切换 PPT）这是故事的第一页，也叫扉页，它会告诉我们这本书的一些主要信息，有哪些信息呢？一头狮子，还有图书馆。（指图）

师：故事开始了。（切换 PPT）有一天，一头狮子走进图书馆，穿过柜台，来到图书区。马彬先生从大厅跑进馆长办公室。“麦小姐！”他大叫。“不要跑。”麦小姐没有抬头。“可是，有一头狮子，在图书馆里！”马彬先生说。“它有违反规定吗？”麦小姐问，她特别在意有没有违反规定。“呃，好像没有。”“那就别管它。”

师：（切换 PPT）狮子在图书馆里逛了一大圈，它闻目录卡，它在新书书架上蹭了蹭脑袋。然后，它趴在说故事区，睡着了。大家都不知道该怎么办，因为图书馆没有任何和狮子有关的规定。

师：（切换 PPT）说故事时间到了，这个活动也没有任何和狮子有关的规定。说故事的阿姨有点紧张，但她还是清晰有力地念出了第一本书的书名。狮子抬头看着她，她继续往下念。狮子听完第一个故事，留下来听第二个故事，听完第二个故事，留下来听第三个故事，它还想再听一个故事，可是小朋友们一个个离开了。“说故事时间结束了，”一个小女孩告诉狮子，“该走了。”狮子看看小朋友，看看说故事的阿姨，看看合起来的书，开始大吼。

师：（切换 PPT）“是谁？”麦小姐从办公室大步走出来。“是那头狮子。”马彬先生说。麦小姐走向狮子。“如果你不保持安静，就得离开，”她坚定地说，“这是规定！”狮子继续吼，听得出来它很伤心。小女孩用力拉麦小姐的裙子问："如果它保证安静，明天可以回来听故事吗？"狮子不吼了，它看着麦小姐。麦小姐也看着它："可以，一只安静、守规矩的狮子，明天当然可以回来听故事。""耶！"孩子们欢呼。

2. 停顿猜故事

师：狮子第二天还会来吗？

生：会。

师：都认为它会来？为什么呢？理由是什么？

生：因为麦小姐已经同意，如果这头狮子保持安静就让它回来听故事。

师：但是对于狮子来说，保持安静困难不困难？

生：困难。

生：不困难。

师：有的说困难，有的说不困难。

生：应该是不困难，因为狮子如果早晨起得早，会很困，总是待在这个大图书馆里，就会睡着。

师：哦，起得早，容易困，会睡着，所以能保持安静，你是这样想的。其他同学还有想法吗？

生：如果别人能理解它，它就不会吼呀！

师：刚才狮子因为什么大吼起来的？

生：因为听不到故事。

师：你听不到故事的时候会大吼吗？

生：不会。

师：不会，那它听不到故事，为什么大吼呢？

生：因为它很喜欢听故事。

生：还因为它很伤心。

师：为什么伤心啊？

生：因为已经没故事可听了。

师：没故事听了，它就很伤心。你还有什么想说的？

生：狮子不会说话，它想说它想听故事，它就用吼来表达它的愿望。

师：它的愿望是什么？想听第四个故事。听完第四个故事，他还会想听第五个故事，然后再听第六个。可是故事时间已经到了，讲故事的阿姨该回家了，小朋友们也该回家了。小朋友们知道，但是狮子知道吗？

生：不知道。

师：我们来看一下你们的判断准不准，看看第二天会发生什么事。第二天如果狮子真来了，会发生什么呢？

生：讲故事时间开始，狮子还会去听故事。

师：然后故事结束了，它还会大吼，是吗？还会重复昨天的事吗？

生：第二天晚上的时候，它没有听到故事还会吼，把图书馆里所有睡觉的人都吵醒了。

师：图书馆里有睡觉的人吗？

生：没有。

师：因为图书馆关门后就锁上了，可能有个别在那值班的人员。你们觉得第二天狮子听不到故事还会大吼，对吗？

生：它已经有经验了。

师：可是第一天的经验是吼也不管用，对吧？我们预测了这么多，看我们预测得准不准，第二天会发生什么事。(学生的眼睛都看向屏幕)

3. 看图画听故事

师：第二天，狮子又来到图书馆。“你来早了，”麦小姐说，“三点才开始讲故事。”狮子不肯走。“好吧，”麦小姐说，“我派些工作给你。”她请狮子用尾巴拂去百科全书上的灰尘，直到说故事活动开始。隔天——“隔天”是什么意思啊？

生：隔一天。

师：隔一天就是第二天，就是这一天的第二天。

师：狮子又早到了。这次麦小姐请他帮忙舔所有借书逾期通知的信封。“逾期”就是过期，时间过期了，要给借书的人寄一封信，告诉他们，他们借的书该还啦！但是这个信要封上。那么，用什么来封呢？（指图）

生：口水。

师：啊！这头狮子的口水！（皱眉）看狮子舔得多卖力，多高兴，是吧？

师：（切换 PPT）后来——“后来”是过了多长时间？

生：又一天。

师：又一天，是吧？后来，不用别人交代，狮子会主动做事情，他拂去百科全书上的灰尘，舔信封，让小朋友站在他背上，拿最上层的书。然后，他趴在说故事区的角落，等着听故事。

师：（切换 PPT）起初，图书馆里的人看到狮子会紧张。你们看到狮子会紧张吗？

生：不会。

师：不会是因为他在笼子里，如果把他弄到咱们教室里呢？

生：不会。

师：一定会，因为狮子——

生：会咬死人的。

师：对，所以一定要紧张，紧张就对了。但没过多久，他们就习惯了身旁有一头狮子走来走去。狮子在图书馆适应得很好：他走路很小声，尽管它的脚很大；听故事时，孩子们把它当成舒服的靠垫；它在图书馆里再也不吼叫了。大家都说：“这头狮子真好。”遇见它时，大家会拍拍它柔软的头。“要是没有它，真不知道该怎么办。”马彬先生听到这句话，皱起眉头。他觉得，狮子还没来的时候，他们也过得很好，根本就不需要什么狮子！他认为狮子不懂规矩，图书馆里不该有狮子。

师：这是马彬先生的看法。你们觉得图书馆里应该有狮子吗？

生：应该有狮子。

师：为什么？

生：因为没有狮子，他们就够不着最上层的书。

师：现在小朋友可以踩着狮子够到最上层的书了，是吗？你觉得狮子是有用的。（竖大拇指）

生：没有狮子，讲故事的时候就没有那么毛茸茸的舒服的靠垫了。

师：哦！毛茸茸的靠垫。再找一个同学说说，你说。

生：如果没有狮子，就没法打扫灰尘了。

师：哦！狮子是有用的，所以你们觉得要有狮子。但马彬先生觉得它是没用的，因为什么呢？因为原先没有狮子的时候，图书馆也很好。好，我们往下看。

师：有一天，狮子掸完所有百科全书上的灰尘、舔完所有信封、帮完所有小朋友后，说故事时间还有好一阵子才开始。它来到馆长办公室，想找些事情做。

师："嗨，狮子，"麦小姐说，"我从书架上拿一本书给你，请你帮我把它放回图书区！"麦小姐站在凳子上，但是那本书放得太高了。她踮着脚，伸长手臂。"快要……拿到了……"麦小姐用力伸手。

师：你们觉得这个时候会发生什么事？

生：狮子会让她踩到它背上拿书。

生：可能会摔倒。

师：为什么会摔倒呢？

生：因为她站得太高，站不稳的话有可能摔倒。

师：嗯，我们接着看。（切换 PPT）"哎哟！"麦小姐叫了一声，倒在地上，爬不起来。约一分钟后，她大喊："马彬先生！马彬先生！"马彬先生在大厅柜台，根本听不见。"狮子，"麦小姐说，"请你叫马彬先生来。"狮子跑进大厅。"不要跑。"麦小姐在后面喊。

师：（切换 PPT）狮子把两只巨大的前掌搭在柜台上，盯着马彬先生看。（学生大笑）"走开，狮子！"马彬先生说，"我很忙。"狮子低声吼叫，他用鼻子指向麦小姐的办公室。马彬先生还是不理它。狮子实在没招了，只好盯着马彬先生的眼睛，张大嘴巴，吼出生平最响亮的声音。（学生大笑）

师：（切换 PPT）马彬先生喘着气说："你太吵了，你不遵守规定。"马彬先生快步走出大厅。狮子没有跟上去，它违反规定了，它知道违反规定的后果。它低着头，往大门走去。马彬先生没注意到狮子走了。"麦小姐！"他边走边叫，"狮子违反规定了！狮子违反规定了！"

师：（切换 PPT）他闯进麦小姐的办公室，她不在座位上。"麦小姐？”“有时候，”麦小姐的声音从桌子后面传来，“只要有正当理由，就算在图书馆，也可以打破规矩。我摔断了手臂，请帮我找医生。”马彬先生跑去找医生。“不要跑。”麦小姐在后边喊。（学生大笑）

师：你们笑什么？谁告诉我，你们笑什么？（做静音手势）

生：麦小姐在后边向马彬先生喊的话和让狮子去找马彬先生时喊的话一样。

师：哦，一样。说了一句什么话？

生：不要跑。

师：对，不要跑。

生：她为什么还那么在乎图书馆的规矩啊？

师：对呀，这个问题提得特别好。

师：好，我们往后看。（切换 PPT）第二天，一切恢复正常。麦小姐的左手臂打上了石膏，医生叫她不要太劳累。“我的狮子会帮我的。”麦小姐想。但是这天上午，狮子没有来图书馆。下午三点钟，麦小姐走进说故事区，说故事阿姨刚开始为孩子们念故事，这里没有狮子。图书馆里每个看书与用计算机的人，都不停地东张西望，希望能看到毛茸茸的熟面孔。但是狮子那天没有来，第二天也没来，第三天还是没来。狮子干什么去了？

生：因为那个马彬先生把狮子赶出去了。

师：是他赶的狮子吗？

生：（齐）不是。

生：是它自己走出大门的。

师：那它为什么要走出大门？

生：因为它认为自己违反了规定，不能来图书馆了。

师：所以它好几天没有来，你们同意这个说法吗？

生：（齐）同意。

师：狮子没来，大家都觉得——

生：孤单。

师：孤单，没意思，想看到那个毛茸茸的家伙，是吧？但是那个毛茸茸的家伙到底能不能来呢？我们往下看。（切换 PPT）一天傍晚，马彬先生来到麦小姐办公室。“我要下班了，有什么事情要我做吗？”他问。“没事，谢谢你。”麦小姐望着窗外，用细微的声音说。虽然是图书馆，说话也不该那么小声。马彬先生皱着眉头走开了。他想，说不定我可以为麦小姐做一件事。

师：（切换 PPT）他能为麦小姐做什么事呢？

生：把狮子找到。

师：你们都同意马彬先生的做法吗？

生：对。

师：马彬先生走出图书馆，但是没有回家。他四处寻找。检查车子下面，检查树丛后面。检查后院、垃圾桶、树屋。

师：（切换 PPT）他转了一大圈，最后回到图书馆。狮子坐在图书馆门口，透过玻璃，往馆内望。“嗨，狮子。”马彬先生站在狮子背后说。狮子没有回头。“我想告诉你，我们有一条新规定，”马彬先生说，“只要有正当的理由，譬如为了帮助受伤的朋友，在图书馆可以吼叫……”狮子的耳朵抽动了一下。它回头看。可是，马彬先生已经走了。

师：哎，我这里有一个问题，为什么马彬先生跟它说话的时候它没有回头，马彬先生跟它说有新规定的时候，它就回头了？

生：应该是耳朵动了一下。

师：哦！应该是耳朵动了一下，可是这里还有一句呢（指出语句）。它回头看，它回头看是为了看谁？

生：看马彬先生。

师：为什么它一开始没回头？它没听见是吗？

生：不是。

师：那是因为什么？

生：因为忧伤。

师：因为忧伤，所以不愿意理别人，那这里又为什么呢？

生：因为它认为马彬先生说的是对的，而且它觉得是在做梦。

师：它看是不是真的，这是你的想法。我们往下看——

师：第二天，马彬先生走进麦小姐办公室。“马彬先生，有什么事情？”麦小姐的声音有气无力。

师：麦小姐生病了，而且她胳膊断了，所以她有气无力，是这样的吗？

生：对。

师：没有别的原因了？

生：没了。

师：好，你们知道有气无力是什么意思吗？

生：知道，虽然能说话但是感觉说不出来。

师：虽然能说话但是感觉说不出来，就是一点儿力气都没有，就只是因为她生病了，所以才有气无力的吗？我们接着往下看。“我想告诉你，”马彬先生说，“有一头狮子，在图书馆里。”麦小姐从椅子上跳起来，跑向大厅。马彬先生笑了，他在后面喊：“不要跑！”（学生大笑）麦小姐没有理他。

师：麦小姐还是有气无力的吗？她变得怎么样了？从椅子上跳起来，还怎么样？跑（做跑的动作），她忽然就没病了。

生：因为她知道狮子已经来了，所以她就没有病了。

生：因为狮子来了，她一激动病就好了。

师：一激动病就好了。

师：（切换 PPT）必要的时候，就算在图书馆里，也可以打破规矩。

师：大家看这里，这是麦小姐，这是狮子。你看狮子来了之后，这些人都是怎么表现的？

生：开心。

师：他们是怎么表达他们开心的呢？

生：站起来欢呼。

师：还有一个人跟他们都不一样。

生：倒立。

师：还有几个不一样。

生：拥抱狮子。

师：你看大家表达高兴的方式很不一样，有欢呼的，有拥抱的，有倒立的，还有相对比较安静的。

三、讨论人物

1. 交流收获

师：这个故事到这里就结束了，你们看完这个故事，有什么想说的吗？这么多同学举手，真棒！

生：这本书里这头狮子这么好，如果图书馆里真的有狮子是不可能帮我们的。

师：噢，你已经从故事中回到了现实里。

生：没有狮子能把图书馆打扫得那么干净。

师：别说狮子，可能一只猫都能闹得天翻地覆了，那作者为什么要写一头狮子呢？

生：因为这头狮子可以帮很多忙。

师：现在我们来讨论一下，你们觉得整个故事里边出现比较多的词是什么？

生：狮子。

生：应该是"不要跑"。

师：同意的举手（做举手动作），好，放下手，还有没有？

生：故事。

生：大吼。

师：好，现在我们来说一下"不要跑"和"大吼"这两个词，说一说你对这两个词的认识。

生："不要跑"就是你得慢慢走，就像我们在学校里一样，不能在楼道里跑，得慢慢走。

师：我觉得我特别像麦小姐，只要我看到你们在楼道里跑，我就会说——

生：不要跑。

师：我为什么这么说？

生：因为有的小朋友跑的时候脚步声音很重，会影响别人学习。

师：对，会影响别人。

生：因为如果在楼道里跑的话会很容易和别人撞上。

师：对，“bàng”，两个人就撞上了。

生：如果在楼道里跑的话容易摔倒。

师：同学们说了，一个是影响他人，一个是影响自己，甚至还会造成伤害，可能有的伤害是一辈子好不了的。再来说说“大吼”。

生：狮子爱听故事，喜欢图书馆里的阿姨讲故事，讲几个听几个，要是听不到故事就会大吼。

师：那它大吼对不对？

生：对。

师：你们为什么认为它是对的？

生：它不会说话，所以它才大吼的。

师：它要是会说话，它的大吼就变成了大声说话，在图书馆大声说话对吗？

生：不对。

师：在图书馆要保持安静，保持安静就不会影响他人。如果你在图书馆大吼大叫，大家都没法看书，而且，对自己的嗓子也可能造成伤害。那么通过看这本书，你从中看到你自己了吗？

（生疑惑。）

2. 讨论人物

师：（解释）你觉得你像这本书里的谁？你是像麦小姐、马彬先生、狮子，还是像图书馆里的其他小朋友？

生：我感觉我像马彬先生。

师：为什么？说说理由。

生：因为马彬先生讨厌狮子。

师：你觉得你也讨厌狮子，是吗？

生：因为狮子会吓着别人。

师：他特别棒，他在故事里找到了自己的感觉。好，其他同学找到自己的感觉了吗？

生：我觉得我像麦小姐，因为我很喜欢动物，有一次去海南玩的时候，每天都会去一个野生动物园，我特别喜欢一只叫斑斑的树袋熊。

师：特别好，他不但说明了自己像谁，而且直接说了理由，没有经过老师提问，我觉得这种回答是特别棒的。有觉得自己像狮子的吗？

（学生举手。）

师：这么多啊！为什么觉得自己像狮子？什么时候觉得自己像狮子？我们听他说说。

生：帮助人的时候像狮子。

师：特别棒！（竖大拇指）

生：生气的时候像狮子。

生：失望的时候像狮子。

生：我忧伤的时候也会像狮子一样。

师：忧伤的时候会默默地坐在门口，对吧？还有其他不同的意见吗？

生：有人受伤的时候我也会跑得像狮子一样去找人帮忙。

师：狮子是为了帮助人才跑的，同学们觉得这只狮子好还是不好？

生：好。

师：为什么好？

生：因为它在帮助图书馆里的人。

师：它帮助别人的时候好，那它大吼的时候好不好呢？

生：好，因为它虽然不会用语言，但是别人知道它想说什么。

师：我们有很多情绪对不对？我们有时候会忧伤，有时候会生气，有时候也会很高兴，但是我们应该怎样去表达自己的情绪呢？

生：好好说话。

师：好好说话，没错。也就是在通常的情况下我们要守规矩，知道在什么时间表达自己的情绪。但是在极其特殊的情况下，我们也可以怎样？

生：打破规矩。

师：对，打破规矩，按照当时的实际情况来做。今天这节课我们学到了很多，学到了应该怎样待在图书馆里，学到了怎样和别人相处，学到了怎样适当地表达自己的情绪。老师觉得你们特别棒，以后还会和你们一起分享读书的感想。

教后反思：

这是我跟一年级学生之间的讨论，没有太多的设计，就是跟学生一起读故事，边读边推测下面的故事。读完故事后，跟学生讨论一下收获，看他们读得是否深入，通过让他们说自己像书中的哪个人物，帮助他们认识书与现实之间的联系，建立书与自我的联系，增加思考的机会。

整个教学过程其实是围绕《图书馆狮子》这本书进行的指向内容理解的阅读讨论。我不断地用问题引导学生，让他们不只是听故事，同时不断地思考。课堂上，同学们的小脸红红的，发言的时候很积极主动。

因为条件所限，无法做到人手一本书，学生的阅读都是通过看PPT，这显然和阅读的本质有一定的距离。此外，这节课教的痕迹还是很明显的，我始终无法做到像讲故事一样来讲这本书，而总希望学生能够想出点什么，能够说出点什么，总想用这样的方式带动学生的学习，这也许就是学校里的阅读和家庭里的阅读的不同之处。

第二节

理清结构

——三年级《爱德华的奇妙之旅》讨论课教学实录

背景说明：

2015 年 3 月 11 日，在清华大学附属小学商务中心区实验小学，我和三（3）班的学生一起交流讨论了《爱德华的奇妙之旅》这本书。上课之前，吴雨璇老师已经带领学生阅读过这本书。

本节课的教学设计分为以下几个部分：

交流读书经验；交流读书感受；深入讨论，理清故事结构；再次交流，了解角色；回到人物本身。

一、交流读书经验

1. 交流读书的作用

师：同学们，今天老师来和大家聊一聊《爱德华的奇妙之旅》这本书。你们都读过这本书了，已经有了自己的一些理解。老师看见你们窗台上摆放着各种各样的图书，大家每天都能读到这么丰富的图书，真好。那么，老师想问你们一个问题，读书有什么用呢？

生：读书可以增长知识。

生：读书可以让我们了解更多新鲜事物。

生：读书能让我写好作文。

生：读书能让我们认识更多的字。

生：读书能让我们提炼出更多的好词好句。

生：有的时候看看书还可以缓解心情。

师：嗯，大家说得非常好。

2. 交流讨论的经验

师：读完书之后，你们是不是还要进行一些讨论？

生：是。

师：我们不说课上，说课下。你们课下和谁聊过你们读完一本书之后的感受？

生：听老师聊，聊一些读书感受。

师：听老师说，是吧？同学之间私下里有聊的吗？聊书里面的一些内容的，有吗？

生：我没跟同学聊过，但是跟爸爸妈妈聊过。

师：这也行，聊的什么？

生：聊对这本书有什么感触，聊这本书里的好词好句。

师：真是时刻不忘学语文啊，真棒。

二、交流读书感受

1. 交流读书收获

师：谁把这本书从头到尾都看完了？哇！那么多，好，放下手。今天，老师来之前知道你们看完这本书了，就想考考你们，有没有信心？

生：(大声回答）有。

师：有没有不是靠声音，得看实际行动。在考你们之前，我想请你们说说读完这本书你们有什么收获。把你们组里面最显智慧的一条想法说出来。

(学生开始讨论。)

师：可以了吧？好，可以了，你们是自告奋勇来说，还是按顺序来？

生：按顺序。

师：怎么那么喜欢被动地选择自己的命运啊？

（学生大笑。）

师：为什么不能自告奋勇？反正早晚都得说，每个组都必须说。

生：按顺序，按顺序。

师：好吧。从这组开始还是从这组开始，还是从这组开始呢？（从左至右依次指向各组）

生：那组。（学生纷纷指向其他组）

师：好，我知道了，就从这组开始。（指向中间）

师：因为左边的同学指向这边（中间），右边的同学指向这边（中间），那就是中间这组了。

（学生笑。）

师：好，安静，中间这组开始吧！

生：我们组觉得爱德华非常勇敢，因为中间有一部分讲到他被内莉打扮成一个女孩，然后也没有那种特殊场合穿的特殊礼服，但是他只是伤心了一下，没有长久地留下什么心理阴影。

师：勇敢。好，你们组。（指另一组）

生：我们组觉得爱德华挺可怜的。请大家跟我一起看第 52 页。在第一段中，“爱德华终于被抛到了垃圾堆上”，一只小瓷兔子被扔到垃圾堆上，确实挺可怜的。

师：嗯，好，可怜。

生：我们组的收获是你不去爱别人，别人也不会去爱你。

师：关于爱。

生：这本书把爱德华写得特别生动，跟真的兔子一样活灵活现的。

师：好，你们组。（指下一组）

生：我们组也觉得爱德华挺可怜的，当他被两个男孩抛到海里的时候，阿比林的心里肯定很难过，如果我是爱德华的话，在海里肯定很寂寞的。

师：嗯。你们的主要想法是爱德华很寂寞、可怜。

生：我觉得这本书的作者展开了丰富的想象，因为这本书中写的爱德华是一只瓷兔子，但是他却有像人一样的想法，能把一个玩具写得那么生动，说明这个作者非常有想象力。

生：爱德华在这次旅行中学会了如何去爱别人，如何接受别人的爱。

2. 对答案进行分类

师：好，大家都说完了。

师：你们每个组的答案基本上都可以用一个字或词来表达——勇敢、可怜、爱、生动、寂寞、想象，是吧？那现在来想一想，你们的答案可以分成几类？

生：可以把寂寞、可怜和勇敢归在情绪这一类里，爱自成一类，剩下的两个跟文章、跟作者有关系，归为一类。

生：我觉得分成两大类就可以了，寂寞、可怜和勇敢归为一类，是评价爱德华的；剩下的三个词是评价文章和书的。

师：这位同学说得好不好？

生：好。

师：好在哪儿？

生：这样分类比较清晰。

师：对，比较清晰。

师：对问题进行分类可以让我们对问题把握得更清晰。这是我们今天学到的第一点。

师：我们通过对答案进行分类，对这本书有了更多的了解。同学们主要从两个方面入手，一是书中，一是书外。在书里面，我们看到了主人公的遭遇；跳出书，我们看到了本书的作者和她的写法。其实，每一本书都可以这么分类。我觉得你们都特别了不起！每个组都表达了自己的观点，都有自己伟大的思想！

三、深入讨论，理清故事结构

1. 提取信息

师：下面，我要正式考考你们了，刚才只是小试牛刀。一共三关，

看你们能够过几关。(出示 PPT)

第一关　绘制爱德华旅行路线图

1. 在哪里?
2. 和谁在一起?
3. 心情(感受)如何?

在你认为“奇妙”的地方可以用特殊的方式来表示。

(让学生读 PPT 上的内容。)

师：谁看懂了第一关的相关考题?

(学生低声读。)

师：下面我请看懂的同学说一说，请没看懂的同学注意听。

生：第一个问题是爱德华在哪里；第二个问题是爱德华和谁在一起；第三个问题是爱德华和谁在一起时，他的心情(感受)如何；并且，要用特殊的方式把有趣的地方表示出来。

师：好，这位同学把问题都说明白了，但是，看最上面这行字(指 PPT),“绘制”是什么意思?

生：就是画出来。

师：“旅行路线图”是什么意思?

生：就是把爱德华去过的地方一个一个写出来。

生：我觉得绘制爱德华旅行路线图，就是爱德华先是在哪里，接着又去了哪里之后，和谁在一起，爱德华的心情怎么样。

师：路线图最后应该以什么样的方式呈现给所有人?你的图上应该有什么?

生：我觉得爱德华的旅行路线图，应该有先到哪儿，又到哪儿，然后再到哪儿。

生：还有跟谁在一起，然后跟那个人在一起时的心情和感受如何。

师：刚才同学们都说了，从哪里出发，经过哪里，但是还有非常重要的一点没有说。同学们想一想。（停顿）好，你说。

生：在你认为“奇妙”的地方可以用特殊的方式来表示。

师：很好。我们举个例子，比如，今年暑假或者寒假你去旅行了，你的起点是哪里？

生：北京。

师：然后呢？你去了很多地方，再然后呢？最后呢？

生：又回到北京了。

师：那么爱德华的旅行呢？

生：又回到了起点，但是已经过了很多年。

师：现在我们明白第一关的要求了，现在给大家五分钟时间，在发的那张纸的背面，没有格子的地方，画上你的路线图。注意不要讨论，各自完成自己的。

（教师在小组间巡视。）

师：五分钟时间到了，完成的请举手。还有不少同学没完成，再给大家一分钟的时间，快速完成路线图，好，计时开始。

2. 展示交流

师：好了，时间到了，把笔都放下。现在完成的请举手。（学生大部分举起了手）有谁想上台展示自己的路线图？（学生陆续举手）太多了，这样吧，每个组推选一个代表，上来讲一讲。

生：我先画的是阿比林家，阿比林家是爱德华开始旅行的起点。然后，就是在海上的船上，航行了一段时间以后，两个男孩把他扔到了海里。接着，他在海里待了很长时间，被渔网网了上来，然后又被放到内莉家里，而内莉的女儿把爱德华丢到了垃圾堆里……

（学生讲故事情节。）

师：好，他说得完整不完整？给他掌声！谁来评价一下他画的路线图和他说的话？

生：我觉得说得挺清楚的，爱德华去的每一个地方都说到了。不过，我想给他提一个小小的建议，就是话说得不要那么长，觉得有点啰唆，可以简洁一些。

师：你对自己画的图有什么评价？

生：您说爱德华旅行路线图，要写上爱德华在哪个地方，和谁在一起，我没有写，然后心情怎么样，我也没有写。

师：你为什么没有写？是来不及写吗？

生：是。

师：好，有谁觉得自己画的图上面这些内容基本上都有？（有学生举手）好，你来说。

（学生讲故事情节。）

师：谁来评价一下？

生：我觉得他讲得挺好的，他的语言挺简洁。我对他画的图稍微有一点建议，有的地方关于爱德华的心情要写完整。

师：下面展示的同学就不讲故事情节了，直接说说你画的图的特别之处，就是跟别人不一样的，或者画得特别用心的地方。

生：我觉得我画的图中的垃圾桶、火车、轮船画得比较好。

……

师：没画完的同学，你们能总结一下没画完的原因吗？

生：（纷纷回答）因为画得太复杂了；可能想的时间太长了；查书用的时间太长了；字有点儿多；画得太多，没有写的时间了……

师：同学们，你们一定要注意答题的速度，因为我们闯关是有时间限制的，在限定时间内没有完成任务，闯关就失败了。所以下一次凡是老师布置的任务，都要快一点完成，完成之后再看书。要注意看老师的要求，同时还要注意时间。同学们画的图中还有一个欠缺的地方，就是你觉得特别“奇妙”的地方，要用特殊的方式来表示，有的同学表示了，有的同学可能忘记了，所以这也是大家需要注意的一个问题。但是因为大家都很努力，所以这一关算你们都过了。

四、再次交流，了解角色

师：（切换 PPT）第二关要求你们挑选一个角色来审判，描述他的罪状，并找出定罪的证据，我觉得这个有点难了，给大家一点时间思考一下。

第二关　角色审判

1. 挑选一个你要审判的角色。
2. 描述他（她）的罪状。
3. 找出宣判此罪的证据。

师：你们先在纸上写一下你要审判的角色的名字，然后描述他的罪状，找出审判他的证据。书中怎么写的，你就怎么写，注意时间。

(学生纷纷低头写。)

师：谁来说一下你选的是谁，你判他什么罪？

生：我选的是洛莉，她的罪状是她很粗鲁，还把爱德华扔到了垃圾桶里。

生：我要审判的角色是把爱德华当成稻草人的那个老太太，罪状是没有考虑爱德华的感受。

生：我审判的角色是轮船上的那两个男孩，罪状是把爱德华抛来抛去。

师：还有吗？不一样的。

生：我审判的角色是卢修斯，因为他太自私了，不让任何人碰爱德华。

生：我审判的是阿比林家的女仆，罪状是她把爱德华的怀表吸进了吸尘器里。

生：我审判的人是玩具店的老板，罪状是他不让别人再亲近爱德华。

师：大家现在思考一下，你们审判的这些人可以分成几类？

生：可以分成两类，一类是洛莉、小男孩还有农夫，另一类是玩具店老板，因为玩具店老板特别自私……

师：你们听明白了吗？反正我是听糊涂了，分类的标准是什么？是自私不自私吗？不过你们的答案我可以总结为一类，就是对爱德华不好的人。你们觉得我说的有道理吗？你们审判了很多人，但是你们为什么不审判爱德华呢？因为你们都把自己当成了爱德华，所以你们认为那些人都非常自私。其实爱德华也有罪，什么罪？

生：就是阿比林对他再好，他也不懂阿比林的意思。

师：我们到底该不该审判爱德华这个问题还可以进行很多讨论，第二关其实就是考查一下大家对这些角色的认识。

师：现在我们来看第三关，考考你们的观察力。（切换 PPT）我们比速度，看谁最快找到答案。

第三关　考考你的观察力

1. 每幅图中爱德华的眼睛有没有变化？

2. 第一章的图画的是阿比林在给爱德华的怀表上弦，后来这只怀表去哪里了？

师：好，谁可以说一下自己的发现？

生：第 33 页那只狗叼着爱德华的图中，爱德华的眼睛是黑的，第十二章“一起去流浪”中的图中，爱德华的眼睛变白了。

生：请大家看爱德华掉进海里的那幅图，爱德华的眼睛是黑的，而封面上的这幅图，有一点点蓝。我觉得他沉入水底眼睛稍微有一点点红，别的时候大多是蓝色并有点发黑，不知道为什么沉在水底是红色并有点发黑。

师：老师让你们观察爱德华的眼睛颜色的变化，是想让你们看什么呢？是想让你们看看爱德华的眼睛里有没有光彩，看他的感情有没有发生变化。第二章中的这幅图（切换 PPT），看到了吗？爱德华的眼睛是什么颜色的？是黑色的。黑到了什么程度？黑得让人觉得没有活力，没有感情，只有一片空洞。再看到最后的时候（切换 PPT），他的眼睛已经怎么样了？爱德华的眼睛一步一步发生了变化，到他坐在橱窗里的那张图片的时候，你可以感觉到他的眼神中有一种期盼，有一种等待，有一种对过去的怀念。看到了吗？大家可以认真观察体会一下这些图片。

师：谁来说说第二个问题？

生：怀表被吸进吸尘器里了。

师：其实有两张图上有这只怀表，在最后一页，还有第一章。大家看最后一页，这块怀表显示的是几点钟？

生：三点。

师：阿比林上弦的时候时间是几点？为什么两个表时间不一样了？

生：因为过了一段时间。

师：这个时间变化预示着什么？

生：新的一天。

师：也就是说，一切都会随着什么变化？

生：时间。

五、回到人物本身

师：好，请大家放下书。看这里，观察一下这些图片，说说看完之后你有什么发现。(PPT 播放图片)

(学生观察图片。)

师：这些图片可以分几类？

生：两类。

师：哪两类？

生：一类是穿着衣服的，一类是没穿衣服的。一类是只有爱德华，一类是爱德华身边还有别人。

师：有什么不一样？

生：如果爱德华身边有人的话，他就会很开心，没有人他就会很孤独。或者也可以分成三类，一类是穿女孩衣服的，一类是穿男孩衣服的，一类是不穿衣服的。

师：好，分成三类。我们看到的爱德华在不同情况下是不一样的。

其实，不只是服饰，就是心情也是不一样的。所以，我们读书，不仅要看到表面的现象，也要深入了解其蕴含的意思。

教后反思：

这节课，我和学生边读边讨论，一直引导学生说出爱德华的奇妙之旅，并学会自己进行分类。分类就是把碎片化的认识慢慢整合，进行意义上的关联，分类是逻辑思维的起点。这节课，学生能够围绕内容进行交流，也能够在老师的带领下跳出内容进行讨论。

这节课，我强调比较多的是遵守时间，让学生学习分类，希望学生在自己思考的基础上获得新知，并在交流中提升能力。

因为要教的内容较多，所以学生自主发挥的部分就很少。如果再上这节课，我会让学生提出他们感兴趣的话题先做一些讨论，然后再教我准备的内容。

第三节

明确主题

——四年级《秘密花园》讨论课教学实录

背景说明：

2015 年 3 月 12 日，在清华大学附属小学商务中心区实验小学，我和四（3）班的学生一起交流讨论了《秘密花园》这本书。此前，学生已经在曹琴老师的带领下，阅读了这本书。

本节课的教学设计分为以下几个部分：

交流初读感受，进行分类；初步交流内容；学习用故事地图；总结收获。

这节课，我主要应用故事地图的方式促使学生了解故事的架构，对“秘密”进行解读——是谁的秘密？什么秘密？秘密分几层？通过讨论，学生对这本书中的人物有了更多理解。

一、交流初读感受，进行分类

1. 初步交流

师：今天我们来交流讨论《秘密花园》这本书，你们读完了没有？

生：读完了。

师：谁能说说你读了这本书以后最深刻的感受？用简练的话说，语速要快一些，声音要大一些，让大家能听清楚。

生：每个人都会犯不同的错误，但只要他勇于改正就可以变得更好。

师：这是他读《秘密花园》以后自己的感受，非常好！谁还有？

生：故事的主人公玛丽一开始是一个非常娇气的女孩子，不过自从她到了姑父家发现了秘密花园，并认识了迪肯和柯林，她就变得开朗和活泼了！

生：我感受最深刻的是每个人都不可以离开大自然，我们要学会去享受大自然给我们的一些东西。

生：从玛丽身上我知道了，性格倔强不一定就没有朋友，倔强要用在该用的时候，有些时候还会受到别人的表扬。

生：我觉得玛丽首先是通过感受大自然寻找到了自己的乐趣，并结识了喜欢和动物交朋友的迪肯；其次，她通过柯林知道了自己是多么鲁莽，然后慢慢地和柯林一起改了自己粗暴无礼的坏性格。

2. 把汇报内容分类

师：同学们，刚刚他们的发言可以分为几类？你觉得哪个可以和哪个分为一类？

生：我把他们的发言分为两类，一类说的是书中的人物，一类是从书中的人物说的话和做的事情中懂得的道理。

师：好，非常好！你们认同他说的吗？我觉得他说得特别好，特别棒！这说明他听得特别认真。我们听其他同学发言的时候也要知道同学说的是什么，为什么这样说。刚刚有三位同学是借着书中的人物来说的，两位同学则是直接抒发了自己读书后的感想、感受。我想说咱们班的同学都很了不起。

二、初步交流内容

1. 看封面，提问题

师：那我们来看一下老师搜集的关于这本书的一些封面。（出示PPT）你们要用心看，我后面会提问题，跟刚才的讨论是相关的。谁能试着猜猜老师要提什么问题？

生：为什么这些封面的图画都不一样？

师：嗯，好，有点接近。

生：都是《秘密花园》，为什么封面都不一样？

师：嗯，也接近。

生：通过看封面，你有什么感受？

师：我刚才说了一个非常重要的信息，我说我提的问题和刚才我们进行的讨论相关。所以，我提的问题是——

生：为什么封面上会出现这几个人物？

生：这几个人物都是谁？

师：好吧，其实你们想的都没问题。我给你们一个提示，你们可以顺着这个提示来思考，我想问的问题是——这些封面可以分几类？（回放 PPT）

生：我觉得可以分两类，一类是上面没有图画，一类是上面有图画。

师：有图画和没图画，可以这样分吗？

生：可以。

师：但是你得说准确。第一个封面上有图画吗？有，花纹也是图画。准确地说应该怎么表述？——答案是一类是有人物的，一类是没有人物的。那么，还可以怎么分类？好，你来。

生：我觉得可以分为四类，一类是有三个小孩的，一类是有两个小孩的，一类是有一个小孩的，还有一类是没有小孩的。

师：好。这是同学们通过思考得出的结论。

2. 根据人物推测

师：把图作为封面，肯定是想向读者传递一定的信息。有的图中只有一个人，我们来看看，这个人物是谁呢？

生：玛丽。

师：你们都认同吗？这个人是玛丽。（切换 PPT）这是有三个人的封面，都有谁？

生：玛丽、柯林、迪肯。

师：你们很确认是这样的吗？

生：是。

师：坐在轮椅上的是柯林，小女孩是玛丽，小男孩是迪肯。那么问题来了，只有玛丽一个人的时候，我会想秘密花园是属于玛丽的，对不对？这是我最直接的感受。但是，有三个人的时候，我就搞不清了，秘密花园到底是谁的呢？

三、学习用故事地图

师：现在，我们要通过一张故事地图来把秘密花园及人物关系表示出来。你们心中可能和我有一样的疑问：第一，秘密花园的秘密是什么？第二，谁在秘密花园中？第三，这些人都对秘密花园起到了什么作用？请能回答这三个问题的同学举下手，不管你能回答几个。（学生全都举起了手）

师：好，所有同学或多或少都能回答这三个问题，不错。

师：有些时候我们对某个问题弄不清答案，可以怎么办？想一想，我们在学数学时弄不清答案是怎么做的？比如，数学老师会教你画线段图。那我们现在，就借用一下这个方法，画一张图，看能不能弄明白这三个问题。图从哪里来呢？一定要从书里来，用你自己能够看得懂的方式来表示这三个问题，可以吗？

（学生有些疑惑。）

师：就像这样（指向 PPT），花园可以画成圆圈，也可以是你自己想象的其他形状，可以把花园的秘密写在圆圈里面，把与花园有关的人写在圆圈外面，在圆圈和人物之间画一条线，他们和花园是什么关系可以写在线旁边，是不是？他们对花园的作用是什么也可以写在这线旁边，花园对他们的作用同样可以写在线旁边。现在能明白老师要求的请举手。（生纷纷举手）

师：好，放下手。我们作为四年级的同学，完成任务是要有时间限制的，这样才能加快我们的思维，让我们的书写快起来。如果有时间限制，你就会想你怎么才能尽快地完成这样一张故事地图，你就会想办法尽量用简单准确的语句来表达你的意思。现在大家就开动脑筋，用概括性的语言完成这张故事地图，争取做到画完了以后不用讲，别人就能看得懂。

（学生纷纷画图。）

1. 故事地图展示交流

师：时间到！十分钟，已经完成的同学请举手。（部分学生举手）

师：同学们，我们先让完成的同学上来，看看他们画的图。来，请已经画完的同学在这边自动地站成一排，然后一个一个地来，抓紧时间！谁先来？

（已完成的学生在讲台旁站成一排。）

师：好！请同学们自己说一下，秘密花园的秘密是什么？第一位同学。

生：柯林恢复了好心情，也恢复了好身体。

师：好，这位同学已经说出了他认为的秘密花园的秘密，但是他还应该怎么样？对，明确标注一下。

师：好，请回到座位上。第二位同学。请这位同学来说说秘密花园的秘密在哪里，在你这个图的什么地方。

生：（讲述）……柯林的病也好了……

师：嗯，他觉得这是秘密，他在图上已经表示出来了。好，请回座位。第三位同学。

生：先发现秘密花园的是玛丽，她是第一发现者，又发现它的是……

师：好，第四位。

生：秘密花园的秘密是……把秘密花园的钥匙埋了起来，后来玛丽找到了那把钥匙……

师：这是他的图。好，第五位。

生：我觉得秘密花园这个名字是玛丽起的，秘密花园的秘密是这个花园很神秘，让柯林和玛丽都恢复了健康……

师：好，第六位。

生：秘密花园，之前有人进去过，但是玛丽的姑父却把花园的钥匙埋了起来，所以，所有人都觉得这是一个秘密的花园。

师：(指着学生的图）底下这句话是什么？

生：他们对秘密花园起到了修理的作用，同时，秘密花园也让玛丽和柯林变得不再像之前那样任性了。

师：起到了互相“修理”的作用，是不是？他们“修理”花园，把花园变得更漂亮了，花园也把他们“修理”得更美、更健康了。所以你的这么多话可以精简为两个字，是什么？

生：互相。

师：最重要的一个词其实不是“互相”，而是“修理”。好，第七位同学。

生：我觉得，玛丽的姑父不愿意再回想过去，所以把这个花园封上了，不允许任何人出入。还有就是，玛丽找到了这个花园，但是这个花园被好多的树木和花草遮挡着，钥匙也是被埋着的，所以她觉得这个花园是很神秘的。

师：(指着学生的图）这是什么啊？

生：这是人物，这边是改变的过程，中间是秘密花园。

师：好，不错。下一位同学。

生：花园本身的作用是……玛丽对花园的作用是把花园重新打开了，花园对玛丽的作用是改变了她的性格，她的身体也变得更好了。然后，柯林对花园的作用是参与了花园的重建计划，花园对柯林的作用是改变了他的性格，他变成了一个生机勃勃的男孩。迪肯对花园的作用也是参与了花园的重建计划，花园对迪肯的作用是使他大开眼界，从此更加注意保护大自然……

师：好。下一位同学。

生：一开始只有他们三个人知道这个秘密花园，他们三个为了保守秘密就不告诉别人，但是到了最后，所有人都知道了这个秘密，就不再是秘密了，他们开始共同保护这个花园。我觉得秘密花园对柯林的作用是让柯林身体变好了，柯林对秘密花园的作用是出了力，让花园活了过来。玛丽对花园的作用是发现了花园，并找到了钥匙打开了大门，花园对玛丽的作用是让玛丽的脾气变好了。

师：好，我们就说到这儿，请回座位。我们一共上来了多少位同学？

生：九位。

师：有没有同学觉得我虽然没完成，但是完成的部分也非常独特，愿意拿到前面来展示一下？（有学生将自己画的图拿到了讲台上）

师：（将学生拿上台的作品通过投影仪展示）我觉得她的表述方法很独特，大家看到了吗？她将秘密花园画成了一朵花，而书中所有的人物就是花瓣，这是一个独特的方法。

师：其实我发现在座的每位同学都画得很独特，我觉得你们都特别棒。我随便再拿一位同学的作品（将另一个同学的作品通过投影仪展示），和别人的一样吗？不一样。他在用他自己的方式来展示他看到的秘密花园。因为时间关系，我们只能先展示这些同学的。

2. 对故事地图进行分类，进一步讨论秘密

师：接下来，我们要对刚才展示的这些同学的作品进行分类。当然，我先分，一类是做完的，一类是没做完的。（学生笑）大家一定要注意你的分类标准要和他们的图对应起来。

生：可以按秘密来分，一些人写的是发现花园之后，玛丽他们在花园里面发生的秘密，还有一些人写的是在花园被发现之前的那些秘密。

师：好，其实分类标准也没有统一的要求，只要我们按照自己想的标准进行分类就可以了。我听到有几位同学忍不住在说这个秘密是什么，那接下来我们就来讨论一下这个问题：秘密花园的秘密究竟是什么？也就是说，这个秘密已经在你心里解开了，不是秘密了。哪位同学明白了秘密花园的秘密是什么？

（四位学生举起了手。）

师：哇，做了一张图，只有四位同学明白了秘密花园的秘密，不应该吧？我觉得，凡是做过图的同学多少是有一些自己的见解的。好，都放下手。我现在来问你们，秘密可以分为几个层次？比如说第一层，即最浅层的秘密：花园是被锁住的，没被发现的。是过了多长时间才被发现的？

生：十年。

师：从时间的角度来说，这是第一层秘密。玛丽是第一个发现花园的人，然后又和其他人共同保守着一个秘密，就是这个花园是他们的一个乐园，是他们在一起快乐相处的秘密的地方，是不是？另外，其实不光是小孩，还有大人，就是那个把钥匙藏起来的大人，他也认为这是一个秘密的花园。这就是第二层秘密。再看第三层秘密。这个花园除了和玛丽有关，和柯林等小孩有关，还和谁有关？想一想。

生：和柯林的妈妈有关。

师：书里有没有写到柯林的妈妈？现在找一找，柯林的妈妈叫什么名字？

生：柯林的妈妈是克雷文太太。

师：好，我们知道她是柯林的妈妈，她和这个花园有什么关系？

生：柯林的妈妈是这个花园最初的主人。

师：最初的主人，是她建造了个座花园，营造了这样美好的环境，让这里面的花草、小鸟自然地融合在一起，那么，她去世有多少年了？

生：十年。

师：应该是至少十年，因为这个花园被锁住就已经有十年时间了。所以花园的第三层秘密，是和一个曾经在这里生活过的人有关系。这个人不存在了，这个花园慢慢荒废后，就成了一个被锁起来的别人不知道的地方。这就是花园的第三层秘密，是不是？那么，还有第四层秘密吗？有，刚才有同学已经说到了，这个花园有个神奇的作用，就像有魔法一样，它让玛丽改变了她的性格，它让柯林身体变得强壮健康，它让其他人从悲伤中走出来，不再回避过去，不再因为亲人的离世而伤心。这是秘密花园的巨大作用，也是其最深层次的意义。所以说，我们读一本书，如果我们只把秘密花园当作一个被锁起来的花园，说明我们没有读透，没有读懂，只读到了通过题目就可以知道的内容。秘密肯定是被藏起来的，所以要进行深入理解，是不是？秘密花园的后两层意思，我们只有通过读书一步一步地深挖才会知道，尤其是花园和柯林妈妈的关系这第三层秘密。那我们现在来看看这里面到底有多少人，好不好？现在你在心中默想，书里面共出现了多少个有名字的人物？

生：（纷纷作答）九个，七个，八个，十个……

师：同学们的答案相差挺多的。既然不容易数清楚，那我们能不能把基本的人物也分分类呢？首先，可以分为大人和小孩。几个大人？几个小孩？

生：大人有七个，小孩有三个。

（学生众说纷纭。）

师：现在按大人、小孩分，还是没有弄清楚。若按性别分，分别有几男几女？大家小组讨论一下。

（学生们激烈地进行讨论。）

师：（巡视课堂）终于知道为什么我们的答案不一样了，因为我们拿的书版本不一样。版本不同，一些人物名字的写法不同，如柯林，有写成“课”的，有写成“科”的，也有写成“柯”的。所以我们现在就知道了，在讨论一个问题时，必须基于一个相同的情境，否则答案会是乱七八糟的。刚才我们说了那么多角色，每个角色在书中都有自己的作用。我来考考大家，看你们能不能把其中的一个角色读懂。现在有一张图（出示PPT），第一，要说明他是谁、他有什么特征，特征可以找三四个，或者少一些也可以；第二，要说出证据，明确哪些地方表现了他的这个特征。你们挑出自己想写的人了吗？好，在刚才那张纸的背面，选一个人物写一下吧，时间只有五分钟，计时开始。

……

四、总结收获

师：现在谁来总结一下这节课我们都学到了什么？

生：学到了很多知识。

生：了解了这本书题目的更深层次的含义，我知道了秘密花园的秘密有四层，还学到了一些表达自己想法的方式。

生：我读懂了这本书，知道了如何分类。

生：更深入地了解到了每个人物的特征，了解了大自然的神奇之处。

生：我懂得了很多道理。

师：这些同学的回答总体上可以分为两类。第一类说得比较笼统，如我学到了什么知识，懂得了什么道理，学会了怎么分类。第二类说得比较具体，如我知道了秘密花园的秘密有四层，我知道了题目是什么意思，我知道用不同的方式去表达自己的想法，这都是具体的收获。同学们以后说话，有时候要概括，有时候要具体，不一样的情境之下要求不一样。今天是我第一次和同学们一起上课，同学们给我留下了非常深的印象，为什么？因为你们每一个人都是特别的，你们都特别了不起。以后我可能还会给你们上课，到时我要看看你们的思维更深刻了没有，你们的速度更快了没有，你们的数学学得更好了没有，好不好？

生：好！

师：那今天这节课我们就上到这里，下课！

教后反思：

同学生交流讨论《秘密花园》与《爱德华的奇妙之旅》这两本书的时间很接近，虽然书不同，年级也不同，但是我上课的方式有很多相似之处，尤其是在讲解故事结构和分类思维上。那时的我，刚刚学习运用图表工具带领学生进行阅读，在那之前，我比较喜欢用提问的方式。在此期间，我还与四（2）班的学生交流讨论了《蓝鲸的眼睛》，我有意识地避免使用提问的方式上课，主要讨论了一些学生感兴趣的话题，比如，童话是不是骗人的？因为篇幅所限，本书中没有选用《蓝鲸的眼睛》的教学实录。

第二个学期，这个班演的戏剧就是《秘密花园》。我在台下看他们的表演，当时我能感觉到他们走进了书中人物的内心世界，他们都演得很到位。我想，这就是阅读的力量。

本章小结

要点提炼

1.读完故事后，跟学生讨论一下收获，看他们读得是否深入，通过让他们说自己像书中的哪个人物，帮助他们认识书与现实之间的联系，建立书与自我的联系，增加思考的机会。

2.读书，不仅要看到表面的现象，也要深入了解其蕴含的意思。

3.分类就是把碎片化的认识慢慢整合，进行意义上的关联，分类是逻辑思维的起点。

4.我强调比较多的是遵守时间，让学生学习分类，希望学生在自己思考的基础上获得新知，并在交流中提升能力。

5.说话，有时候要概括，有时候要具体，不一样的情境之下要求不一样。

阅读思考

一、你认为《图书馆狮子》适合一年级的学生阅读讨论吗？说说你的理由。

二、你发现一年级学生在阅读讨论方面有什么特点？

三、你从《图书馆狮子》这个案例中发现了哪些阅读的策略或者方法？

阅读行动

综合以上思考，请你进行一个新的教学设计。

《图书馆狮子》________课型教学设计

一、课型设定

二、本书解读

三、教学设计

（一）教学目标

1.

2.

3.

（二）教学过程

1.

2.

3.

（三）教学工具

1.

2.

3.

第四章　指向阅读策略的读整本书教学

CHAPTER 4

本章导读

阅读策略是在具体的阅读情境下选择使用恰当的阅读方法。

本章中三个案例揭示的策略分别是："如何阅读一本书""如何读出文字背后的意思""如何多角度理解"。第一个策略是读一本书的基本策略，从整体上了解读书的方式。第二个策略是理解语言建构的意义，从字面理解向深层理解过渡，实现真正的阅读。第三个策略提供一些角度供学生选择，教会学生思考。

当把阅读策略设计为教学目标的时候，教师更要重视教学过程的设计，让学生充分经历阅读过程，自己提炼总结，让自己感受到策略的影响。所以，重点就不再是书中的内容，而是以内容为基础的学生阅读经验。

这三个案例都是六年级的，其他年级的学生是否也适用呢？肯定是适用的，但是，具体实践时要进行适度的改造。选取的书要有所变化，否则，学生书都读不懂，阅读策略根本无法形成。

读整本书教学也是一个积累经验的过程，只有教师亲自教了，才知道哪些有用、哪些无用，才知道如何使用、如何总结提升。有经验的教师往往能带领学生自知自觉地学习，并且学有所获。

第一节
如何阅读一本书
——六年级《不老泉》导读课教学实录

背景说明：

2010年4月13号，应山东省滨州市小学语文教研室刘红星先生的邀请，我参加了滨州市小学阅读与习作教学研讨会。

在这次活动中，我首次执教了《不老泉》的导读课。这篇教学实录就是这次上课后整理而成的。此后，在全国其他地方，我还上过这节课，又做了一些细节上的调整，整个课堂的流程并没有大的变化。

本节课的教学设计：

拿到一本书；打开一本书；合上一本书。

我想通过这本书的导读，让学生对生命的价值与意义产生思考，引导学生掌握阅读的基本策略。

师：今天我们读一本书，它的名字叫《不老泉》。

一、拿到一本书

1. 读封面

师：(PPT展示）先来看《不老泉》的几张封面，从封面上可获得哪些信息？

生：有几张封面都和树有关系，恐怕是在森林里吧！

生：这上面都有作者。

生：有一张封面上的泉水非常长。

生：看到书名有的是中文，有的是英文。

师：你能推断出什么来？

生：有可能是别的国家的作者写出来的。

师：对，这本书的作者是美国人，所以这本书最早的是英文版，翻译过来有两个版本，大陆叫《不老泉》。

2. 读书评

师：很多的书都有书评，这是关于本书的书评。（切换 PPT）

这部可怕而美丽的作品必将在你一翻开书本的时候，就会令你爱不释手，而且还将让你永生难忘！

正因为这篇故事优美、感人、浅显易懂并富有哲理，才得到了那么多大人和孩子的喜爱，美国教育协会（NEA）经过调查表明，《不老泉》是全美历史上一百本最受孩子喜爱的书之一，并成为北美儿童课外阅读的经典书目。

师：从这两段书评当中，你发现了什么？

生：这本书很受读者的喜爱。

生：适合大人还有孩子来读。

师：我们来看对这本书的介绍。（切换 PPT）

温妮一家是最早踏上北美洲这片土地的居民。在一个炎热的天气里，11 岁的温妮由于无聊和闷热，独自悄悄跑进丛林中探险，在那里她遇见了长生不老的塔克一家——17 岁的英俊少年杰西和他哥哥、父母，他们因为误服可长生不老的泉水而永远年轻。他们为了保守这个秘密而东躲西藏，有许多人在寻找他们，想知道长生不老的秘诀，其中就有一个黄衣人。

师：我们再来看，从塔克一家人的角度来写的介绍！（切换 PPT）

“平凡得像盐巴一样”的塔克一家人，却有着一个惊世骇俗的秘密！他们为了守护这个秘密，东奔西走地躲避着所有人，不情不愿地过着与世隔绝的生活。

师：通过以上介绍你获得了什么信息？

生：有人知道了不老泉。

生：很多人想得到不老泉。

生：不老泉在森林里。

生：我感觉塔克一家很自私，因为他们不想和别人分享怎样得到不老泉的泉水。

生：我从一张封面上看到了一个偷看的人，可能就是上面介绍中说到的黄衣人。

师：通过极少量的信息，我们对这本书有了一个大概的了解。谁再来说一下，你对这本书有什么样的印象？

生：我感觉这本书的作者想象力很丰富。

二、打开一本书

师：打开这本书，你想先看什么呢？

生：先确定有没有不老泉。

生：看最精彩的部分。

生：看一下目录有什么特殊的名字。

生：我想看这本书中有没有图片。

生：我想先看一下开头和结尾，因为它们一般都是整个故事的开始和最后的结果。

师：开头和结果他想一下子全知道！其实阅读就像吃东西一样，即使吃同一个东西，吃的方式也是不一样的，有人喜欢这样吃，有人喜欢那样吃。

1. 找主人公

师：我们首先要知道这本书里面活跃的人物都有谁，我们来看这几个。(切换 PPT)

塔克——梅的丈夫

梅——塔克的妻子

迈尔斯——塔克和梅的大儿子

杰西——塔克和梅的二儿子

温妮——一个 11 岁的女孩儿，树间村小丛林林主的女儿

(学生自己读。)

师：树间村小丛林林主的女儿，故事就是围绕着塔克一家和小女孩温妮发生的，我们在看书的过程当中就会发现。

2. 读引子

师：(切换 PPT）我读一段给大家听，这一段是这本书的引子，是它的第一部分。

八月的第一周往往酷热难当，这几天是一年中最热的日子，就像费里斯转轮转动到最高点。这以前的日子，气温从温和的春季慢慢升上来，这以后的日子，气温会渐渐降到凉爽的秋季。八月的第一周总是出奇的沉闷。早晨显得那么单调，中午是那么炙热，而傍晚的落霞则过于耀眼炫目。入夜，深邃的夜空常被闪电划破，只有闪电，没有雷鸣，没有暴雨。在这莫名其妙又炎热烦躁的日子里，人们什么都不想做；即使做了，事后也得后悔。

师：从这段文字中你读到了什么信息？

生：这件事情是在八月的第一周发生的。

生：时间和场景。

师：时间和场景，怎么样的场景？

生：炎热烦躁的场景。

师：在这容易让人做后悔事的天气里，你感觉会有什么事情发生呢？

生：我感觉温妮在这个时候会做出让自己后悔的事情。

不久前，就在这样的日子里，同天发生了三件看起来毫不相干的事。

早上，梅·塔克驾起马车去树间村的丛林，她每十年去一次那里，去看她的两个儿子，迈尔斯和杰西。

中午，温妮·福斯特，她家拥有树间村的那片丛林，烦闷难忍，决定离家出走。

下午，一个陌生人出现在温妮家大门口。他在找人，但没说找谁。

师：从这部分文字中你读出什么来了？或者有什么疑问？

生：温妮为什么要离家出走。

生：那个陌生人可能是来找温妮的。

生：梅为什么要每隔十年才跟他的两个儿子碰面？

师：对啊！为什么每隔十年才和儿子碰面？大家知道为什么吗？

生：离得比较远。

生：为了躲避别人，所以分开住。

生：为了守护秘密而分开。

师：我们再来看引子的最后一段，这段话比较难懂。

你看这三件事毫不相干吧？事情偏偏来得蹊跷。那片丛林是中心，也就是轴；所有轮子都得有轴，如同太阳是太阳系的轴；一切都围着轴转。可惜等人们明白过来什么是轴，为时晚矣。

师：读完这段话，你对这本书有什么印象？

生：这本书很神秘。

生：可能也很惊险。

生：可能讲述了塔克一家的一些秘密。

3. 读章节

师：老师带来了第7章的内容，大家读一下。读完告诉老师，泉水神奇在哪里。

（学生自由读。）

师：泉水神奇在哪里呢？可以将书中你看到的内容读出来，也可以自己总结概括。

生：书中有几段话体现了泉水的神奇之处："这之后不久，"梅接着说，"有天日落西山时，猎人们出来打猎，我们的马正在树下吃草，猎人误将马当做鹿来射，你猜怎么样？虽然子弹确实击中了马的要害，但马身上几乎连弹痕都没留下。""然后是爸爸被蛇咬……""杰西吃了有毒的蟾蜍……""还有我切面包的时候割了手指，"梅说，"记得吗？"

生：还有一次，杰西在树上锯大树枝时，失去平衡，摔了下来，大家都以为他肯定会摔断脖子的，但是他依然一点事儿也没有，就是不老泉让杰西没有受伤的。

生：梅接着说："当我们得出这个结论之后，塔克，也就是我丈夫，安格斯·塔克，要做最后的证实。在我们阻挡之前，他把枪对准自己的要害地方，扣动了扳机。"……最后她说："枪击使他倒下了，子弹击中了他的心脏。他执意要这样做的。尽管如此，在他身上几乎没留下弹痕，就像把子弹射进水里一样，不留痕迹。"

师：多神奇的泉水，你们想不想喝一口？

生：想。

师：塔克一家对于这件事是怎么看的？你们再找找。

生："如果其他人知道这泉水的秘密，结果将多么糟糕，尤其是我们一想到这会带来的后果。"梅看了温妮一眼，"你懂吗？孩子，如果你今天喝了那泉水，你就永远是今天这样的小女孩，永远不能长大，永远不能了。"

师：这是什么后果？

生：永远长不大，永远就在这个年龄段。

师：你认为梅说这句话的目的是什么？

生：不想让温妮喝泉水。

生：我认为她告诉温妮是为了让她保守住这个秘密。

生：想让她知道这个秘密，不想温妮喝泉水，让她始终是正常人。

师：始终是正常人，那么就有不正常的人，不正常的是谁？

生：喝了泉水的人。

师：泉水给他们的家庭带来了什么呢？

生：带来了困扰。我们看到的是，他们为这件事而东窜西跑。迈尔斯悲哀地说："我早已结婚，有两个孩子，但从外表看，我仍然只有二十二岁。妻子说我的灵魂被魔鬼勾去了，她最终决定抛弃我，而且将孩子们都带走了。"

师：你有什么新的想法？跟大家交流一下。

生：我感觉迈尔斯一家不是不想让大家长生不老，而是为了让大家正常地活着。

生：这个泉水真的是既美丽又可怕。

生：我现在有点不想喝泉水了。

师：你不想长生不老啦？

生：不想，因为不会再长大，人也不会变成熟。

生：我想现在就喝，因为我不想长大。

生：我想等到长得最好看的时候再喝。（生笑）

师：让青春永驻，在座的其他同学都笑了，他们跟你的想法一样，也想留住青春。

4. 读目录，编故事

师：这本书不算引子和尾声，一共是 25 章。下面老师把目录发给你们，请大家分别从第 1 章到第 8 章，第 9 章到第 17 章，第 18 章到尾声中各选一章，编故事，使前后内容能够连贯起来。

（学生活动。）

生：我选的是第6章、第12章、第20章这三章。杰西自己在森林里散步，有个黄衣人已经跟了他很久，他早想把杰西给绑架了……走到一个湖边时他们开始谈话，杰西说："如果我把秘密告诉你，你不会告诉别人吧？"……黄衣人就贴在监狱门口，杰西伸过手去，把那监狱钥匙够过来，开开门……黄衣人喝醉酒了，他跑着跑着，没看清这里有条河，结果掉到河里去了，淹死了……

生：这个故事里有一个疑点，黄衣人说要活活饿死他们，他们已经喝了不老泉水，应该不会被饿死吧？

生：刚才讲的故事里的那个黄衣人已经掉进河里淹死了，后面怎么又出现黄衣人这个人物了？

生：黄衣人就睡在监狱的门口，不怕钥匙丢了吗？

生：黄衣人已经喝醉酒了，他怎么还会再醒来？

（学生们纷纷表达听完故事后的疑点。）

师：通过同学们提出的疑问，可以知道大家在编故事时，要注意故事的合理性。

5. 读主题

师：（切换PPT）这是第14章里的部分内容，你觉得温妮会不会喝不老泉的泉水呢？

"你已知道了那泉水，又住在那儿，所以你随时可以去喝。但是，听仔细，能不能等到你长到十七岁，和我一样大，再去喝那泉水——嗨，只要等六年——然后我们一起远走高飞。我们可以结婚，那多好啊！我们一起去旅行，看世界，享受人生。听着，爸爸、妈妈和迈尔斯都不懂怎样享受，享受我们现在拥有的一切。生活就是要使自己快乐，不是吗？除此之外，还有什么呢？我想说的就是这些。你和我，永远快乐幸福地生活在一起，永远，永远，岂不痛快？"

生：应该是不会吧！要不然作者怎么写下面的故事呢？

6. 读尾声

师：故事的尾声告诉了我们温妮的选择。（切换 PPT）

塔克谨慎地边看菜单边问："以前在村子的另一边是不是有片丛林？"

"是的，大概三年前有场大雷暴，闪电击中林中大树，不但把树劈成两半，而且直捣地下，连根带树摧毁掉；现在一切都用推土机铲平了。"

师：读到了什么样的尾声？

生：悲惨。

生：因为温妮不能和杰西一起遵守那个十七岁的约定。

师：这一段很重要，告诉我们什么没有了？

生：不老泉。

师：对，不老泉没有了，杰西和温妮这些年的经历就留给你们自己想象吧！

三、合上一本书

师：现在老师要给你们布置一个课后任务——仔细回想《不老泉》这本书里所讲的故事，完成这个表格。（切换 PPT）

人　物	时　间	地　点	事件（起因、经过、结局）

师：我还需要你们认真想一下这本书想要告诉我们的是什么，也就是这本书的主题是什么。回答下面的问题。（切换 PPT）

永生是不是就代表着幸福呢?

死亡到底具不具有价值和意义?

生命的精彩之处到底是什么呢?

师：最后，读完一本书，你可以思考：阅读给我带来了什么？不管是惊险、刺激，还是感伤、美丽，这些都是阅读给我们带来的东西。你们可以再去读读这本书，相信你们会有更多收获。

教后反思：

这节课我上过多次，虽然每次学生都不同，但是学生的表现都大体相同，他们喜欢讨论生命的价值与意义。记得有一次在乌鲁木齐上这节课，两个小女孩儿关于是否喝不老泉水的讨论，让我心悦诚服。我发现，只要给学生一个思维的情境，他们就能够展示出他们独特的哲学思考。

这节课是一节导读课，学生之前根本不知道有这本书，所以对他们来说一切都是新鲜的，这也是这节课能够吸引他们的原因之一。在导读过程中，我设置了本节课的流程——拿到一本书、打开一本书、合上一本书，通过这个结构，让学生知道读书的大体过程。当然，对主题展开讨论是要让学生知道如何探究文字背后的意义。

距初上这节课已经好几年了。遗憾的是，一直到现在，我去某些地方上这节课，学生仍然不知道有这本书。一是说明书籍浩如烟海，二是说明很多地方的读整本书教学还处于起步阶段，我们仍需努力。

第二节

如何读出文字背后的意思

——六年级《朝花夕拾》导读课教学实录

背景说明：

2016 年 10 月，清华大学附属小学商务中心区实验小学进行了鲁迅主题课程群研究。我选择了《朝花夕拾》的导读课，把这本书的教学放在六年级上册第二单元的整体教学之中。引导学生阅读《朝花夕拾》，目的是让学生把文字背后的意义与作者的生活背景结合起来，了解作者生活的年代及其人生经历。

本节课的教学设计分为以下几个部分：

了解作者；走进故事内容；总结提升。

教学重点在讨论故事内容，熟悉鲁迅先生的写作风格。

一、了解作者

师：今天我们要读一本书，一起先来看看书的作者。（出示 PPT）

著名文学家、思想家，五四新文化运动的重要参与者，中国现代文学的奠基人。毛泽东曾评价："他的方向，就是中华民族新文化的方向。"

师：他是谁呢？我们来看一看他的样子。（PPT 显示鲁迅少年时期

的图片）

师：这个年轻人给你什么感觉？

生：严肃、一本正经、意气风发。

师：我们接着看。（PPT 显示鲁迅中年、老年时期的几张图片）

师：再次感受图片中的这个人，给你什么样的感觉？

生：不爱笑、沉默、忧郁。

师：这就是他给大家留下的初印象。那么，他是谁呢？

生：鲁迅。

师：好，我们再从文字上了解一下他。（切换 PPT）

鲁迅（1881 年 9 月 25 日—1936 年 10 月 19 日），原名周樟寿，后改名周树人，字豫山，后改豫才。“鲁迅”是他 1918 年发表《狂人日记》时所用的笔名，也是他影响最为广泛的笔名。

师：“笔名”是什么意思？

生：作者发表文章时用的名字。

师：鲁迅并不是他的真名，他不姓鲁，姓周，大家要明确。来看看他的创作成就。（切换 PPT）

鲁迅一生在文学创作、文学批评、思想研究、文学史研究、翻译、美术理论引进、基础科学介绍和古籍校勘与研究等多个领域具有重大贡献。他对于五四运动以后的中国社会思想文化发展具有重大影响，蜚声世界文坛，尤其在韩国、日本思想文化领域有极其重要的地位和影响，被誉为“二十世纪东亚文化地图上占最大领土的作家”。

师：你对鲁迅又有什么新认识？

生：鲁迅在很多国家都有巨大影响。

生：鲁迅的影响力多表现在东亚文化圈里。

师：从“二十世纪东亚文化地图上占最大领土的作家”可知他的影

响程度之深，范围之广。请你想象一下，这样一个大人物，他的童年会是怎样的？

生：他的童年可能是不太顺利的，因为读过他的书后，感觉他的童年有很多曲折的事情。

师：你能联系我们前面所学的“变”与“不变”来进行概括吗？

生：事情变了，人也长大了，但童年的快乐是不变的。

师：很好，还有吗？

生：鲁迅童年时是贫困的，没有那么快乐，这可以由他严肃的表情得知。

生：他不快乐，我曾经读过他的书，知道他的父亲对他非常严厉。

生：他有很好的家庭环境。

师：这是同学们的一些判断，接下来我们来看看他的成长历程（切换 PPT），请大家读一读。

光绪七年（1881 年），生于浙江绍兴城内东昌坊新台门周家。幼名阿张，学名周樟寿。

光绪十八年（1892 年），入三味书屋跟着寿镜吾先生读书。

光绪十九年（1893 年），祖父周介孚因事下狱，父周伯宜又抱重病，家产中落，全家避难于乡下，为父亲奔走于当铺及药店。

光绪二十二年（1896 年），父亲去世，家境益艰。于本年开始写日记。

光绪二十三年（1897 年），家族开会分房，分给鲁迅他们家的既差且小，鲁迅拒绝签字遭到叔辈们斥责，倍感世态炎凉。

（学生齐读。）

师：读完后我们更了解鲁迅的遭遇了。他的祖父做过知县，因为受到考场行贿案的牵连，被捕下狱。大家算一算，他祖父入狱时鲁迅多大年龄？

生：12 岁。

二、走进故事内容

1. 理解书名的含义

师：由此可以推断，鲁迅 12 岁以前，也就是他童年时，生活得还不错。我们今天读的这本书，就是鲁迅写他童年及青少年时期的一本书。

师：要想真正了解这本书，还有必要读一读作品简介（切换 PPT），请大家读一读。

《朝花夕拾》是鲁迅唯一一部回忆性散文集，原名是《旧事重提》，《朝花夕拾》是鲁迅后来修改的名字。“朝”表示早晨，这里指早年时期；“夕”表示傍晚，这里指晚年时期。书名的意思是早晨盛开的鲜花，傍晚的时候摘掉或捡起，这里指鲁迅先生在晚年时回忆童年时期、青少年时期的人和事。

（学生齐读。）

师：这本书原名是《旧事重提》，更明确地表明了写的是早年的事情。你觉得这两个书名哪个更好呢？

生：我觉得《朝花夕拾》更好，用了比喻的手法，把他早年的生活比作花。

生：《旧事重提》只是告诉你写了什么，而《朝花夕拾》则有一股回味的感觉。

师：“回味”一词用得好，我也觉得《朝花夕拾》更好，名字优美，内容明确，情感真挚。这本书共有十篇文章，前有引言，后有表示修正、说明的后记。我给大家展示本书的目录（切换 PPT），你猜测一下哪篇文章直接写的童年生活？

生：《狗·猫·鼠》这一篇，我觉得小孩子会比较喜欢小动物。《从百草园到三味书屋》这一篇也是，表明他在读书，介绍了他童年时在三味书屋读书的事情。

生:《二十四孝图》这一篇讲的是对长辈的孝,应该是小时候的事。

生:《父亲的病》应该讲的是他小时候和父亲生活在一起,后来他父亲去世了。

2. 交流讨论故事情节

师:同学们有点望文生义啊,看来我们要通过阅读具体内容才能够进行准确判断。(切换 PPT)下面几个段落是我从这本书中摘选的,我们一起来读一读。

玩的时候倒是没有什么的,但一坐下,我就记得绘图的《山海经》。

大概是太过于念念不忘了,连阿长也来问《山海经》是怎么一回事。这是我向来没有和她说过的,我知道她并非学者,说了也无益;但既然来问,也就都对她说了。

过了十多天,或者一个月罢,我还很记得,是她告假回家以后的四五天,她穿着新的蓝布衫回来了,一见面,就将一包书递给我,高兴地说道:

"哥儿,有画儿的'三哼经',我给你买来了!"

我似乎遇着了一个霹雳,全体都震悚起来;赶紧去接过来,打开纸包,是四本小小的书,略略一翻,人面的兽,九头的蛇,……果然都在内。

这又使我发生新的敬意了,别人不肯做,或不能做的事,她却能够做成功。她确有伟大的神力。谋害隐鼠的怨恨,从此完全消灭了。

这四本书,乃是我最初得到,最为心爱的宝书。

(学生自由读。)

师:这里面有一个与鲁迅童年紧密相关的人物——阿长。请同学们自由朗读下面四个片段。(切换 PPT)

(一)冬天的百草园比较的无味;雪一下,可就两样了。拍雪人(将自己的全形印在雪上)和塑雪罗汉需要人们鉴赏,这是荒园,人迹罕至，所以不相宜，只好来捕鸟。薄薄的雪，是不行的；总须积雪盖了地面一两天，鸟雀们久已无处觅食的时候才好。扫开一块雪，露出地面，用一枝短棒支起一面大的竹筛来，下面撒些秕谷，棒上系一条长绳，人远远地牵着，看鸟雀下来啄食，走到竹筛底下的时候，将绳子一拉，便罩住了。但所得的是麻雀居多，也有白颊的“张飞鸟”，性子很躁，养不过夜的。

（二）先生读书入神的时候，于我们是很相宜的。有几个便用纸糊的盔甲套在指甲上做戏。我是画画儿，用一种叫作“荆川纸”的，蒙在小说的绣像上一个个描下来，像习字时候的影写一样。读的书多起来，画的画也多起来；书没有读成，画的成绩却不少了，最成片段的是《荡寇志》和《西游记》的绣像，都有一大本。

（三）因为东关离城远，大清早大家就起来。昨夜预定好的三道明瓦窗的大船，已经泊在河埠头，船椅，饭菜，茶炊，点心盒子，都在陆续搬下去了。我笑着跳着，催他们要搬得快。忽然，工人的脸色很谨肃了，我知道有些蹊跷，四面一看，父亲就站在我背后。

“去拿你的书来。”他慢慢地说。

这所谓“书”，是指我开蒙时候所读的《鉴略》。因为我再没有第二本了。我们那里上学的岁数是多拣单数的，所以这使我记住我其时是七岁。

我忐忑着，拿了书来了。他使我同坐在堂中央的桌子前，教我一句一句地读下去。我担着心，一句一句地读下去。

两句一行，大约读了二三十行罢，他说：

“给我读熟。背不出，就不准去看会。”

他说完，便站起来，走进房里去了。

我似乎从头上浇了一盆冷水。但是，有什么法子呢？自然是读着，读着，强记着，——而且要背出来。……

（四）早晨，住在一门里的衍太太进来了。她是一个精通礼节的妇人，说我们不应该空等着。于是给他换衣服；又将纸锭和一种什么《高王经》烧成灰，用纸包了给他捏在拳头里……。

"叫呀，你父亲要断气了。快叫呀！"衍太太说。

"父亲！父亲！"我就叫起来。

"大声！他听不见。还不快叫？！"

"父亲！！！父亲！！！"

他已经平静下去的脸，忽然紧张了，将眼微微一睁，仿佛有一些苦痛。

"叫呀！快叫呀！"她催促说。

"父亲！！！"

"什么呢？……不要嚷。……不……。"他低低地说，又较急地喘着气，好一会，才复了原状，平静下去了。

"父亲！！！"我还叫他，一直到他咽了气。

我现在还听到那时自己的这声音，每听到时，就觉得这却是我对于父亲的最大的错处。

（学生自由读。）

师：这四段给你留下印象最深刻的画面是什么？

生：他在百草园玩耍的情景和父亲临死时他对父亲的呼唤。

生：他背书的情景。

师：其实这本书里面写了许多这样的童年往事，我们读过之后，感觉童年就是在玩儿中探索世界，在回味时感觉很有趣。

师：我们对鲁迅的童年已有一些粗浅的了解，你们还想了解更多吗？

生：想。

3. 细读文章，谈感受

师：下面请你们从《阿长与〈山海经〉》《五猖会》《从百草园到三味书屋》《父亲的病》这四篇中选择一篇进行完整的阅读。根据前面两节课学到的"懂"与"不懂"，"变"与"不变"，还有这节课讲的"探索"与"回味"进行分析。大家默读，时间五分钟。

（学生默读。）

师：现在用一分钟时间，同桌互相汇报。

（教师巡视、倾听、指导。）

师：请大家坐好，一起分享一下阅读成果。请这两位同学先谈一谈。

生：《从百草园到三味书屋》中长妈妈给鲁迅讲了一个美女蛇的故事，学到一个道理：有陌生人叫你的名字，千万不能答应。

生：《从百草园到三味书屋》中，鲁迅想得到一盒老和尚那样的飞蜈蚣，我认为他的想法很天真。

师：鲁迅小时候对这个故事也很感兴趣，听了后就再也忘不了。对于鬼故事，他既害怕，又想听。你们是不是也一样呢？（生答“是”）看来大作家的童年和我们的没有什么阻隔，我们都害怕古怪的事情，我们都喜欢从玩儿中探索。接下来的汇报，我提一个要求：请和我们的单元主题紧密联系。

生：从《父亲的病》这一篇文章中我知道了鲁迅的父亲生病了，找过名医，按照要求抓药，但是没有见效，他还在认真寻找。我不懂的是，为什么父亲在面对两块钱的药时，沉思、摇头表示不要。谁能帮我解答？

生：两块钱对鲁迅的父亲来说很贵。

生：父亲不舍得花，也许是为了留着给鲁迅读书用。

生：给父亲看病的是城中名医，每天花一元四角就可以看好病，没必要花两块。

生：父亲意识到他的病的严重性，所以认为没有必要再多花钱了。

师：大家可以结合写作背景从书中找答案。

生：书中写着“进来时，看见父亲的脸色很异样”，他认为他的病没有救了，不需要花钱治。

师：刚才大家说的问题，症结不在病人身上，在医生身上。第一个医生给他看了两年，又推荐其他医生。药引子也比较奇怪，经霜三年的甘蔗；捉成对的蟋蟀，必须是原配的；还有一种离奇的丸药：败鼓皮丸——用打破的旧鼓皮做成；还有在舌头上滴的药……这个时候，父亲本人、鲁迅都觉得病没有被治好的希望了，所以不医了。鲁迅后来有一段经历——在日本学医，就是因为父亲的病。他认为父亲是被庸医耽误了，所以发奋学医。后来他看到一个场景：中国人被杀，一堆国人围观笑话却不解救同胞。他认为人的精神坏了，所以他想通过写文章唤起中国人的抗争精神，于是弃医从文。

师：对于父亲，鲁迅的痛苦有两个，一是没有好医生，二是听从了衍太太的话，在父亲弥留之际没有让他安然离去。所以他觉得一辈子都能在耳边听到那时自己的声音，这成为鲁迅一辈子无法挽回的遗憾。

师：通过以上分析，我们了解到鲁迅的童年有快乐，如在百草园的时光，在上课时画像，他也有奔走于当铺和药铺之间，找药引子，为父亲求医治病的痛苦。鲁迅很早就承担着家庭的责任，承担着许多他那个年龄的孩子不该承受的困难。他的童年既快乐又痛苦。

三、总结提升

师：这本书中的《阿长与〈山海经〉》《五猖会》等文章都是这样，一边写童年的快乐，一边流露童年的无奈、无助。就是这样美好而又痛苦的童年造就了鲁迅伟大的一生，他的这本《朝花夕拾》非常值得大家细细品读。希望我们长大以后也写写我们的童年，让我们的童年散发永恒的光芒。

教后反思：

这是一个单元整体教学过程中的一节课。

《朝花夕拾》对刚上小学六年级的学生来说，具有一定的阅读难度，如对语言的理解，对当时的背景的了解，对鲁迅想要表达的意义的理解等。因此，在引导学生阅读的时候，可以先找出能够吸引学生的地方，如雪地捕鸟，唤起学生的生活体验，用这些内容让学生熟悉鲁迅的语言风格，再慢慢阅读其他部分。

从教学效果来看，导读起到了一定作用。把书发给学生后，让他们快速阅读，然后讨论，学生能够发表他们各自的见解。一节课时间，学生取得了从几乎一无所知到能够发现书中的有趣之处的成果。

第三节
如何多角度理解
——六年级《狼王梦》讨论课教学实录

背景说明：

2014 年 5 月 29 日，中国儿童文学研究会教育研究中心与清华大学附属小学联合举办了“首届北京国际儿童阅读论坛”。

此次论坛的主题为“国际视野下的儿童阅读理论与教学”。论坛由国际儿童阅读专家主题报告、国内外儿童文学作家主题报告、儿童阅读专家高峰论坛、特级教师儿童文学教学观摩课四部分组成。我执教了《狼王梦》整本书阅读讨论课。

本节课的教学设计分为以下四部分：

聚焦故事题目；聚焦故事主人公；聚焦故事主题；聚焦写作意图。

我从题目入手，讨论角色和人物，最后讨论作者的写作意图。

师：同学们，刚才大家课前三分钟讲了《三国演义》，下面我们要干什么？我们要讨论一本书。我听说咱们六（5）班的同学都非常有智慧，是这样吗？

生：（笑着回应）是。

师：自己都笑了，真的是这样吗？试了才知道，自己说了不管用，现在我想用几个小题目考一下大家，看看你们的智慧，行不行？好，看这里，这是什么？（PPT 由局部到整体动态展示）

生：墙。

师：墙后边是什么？几个人？（点击 PPT）

生：两个。

师：几个人？（点击 PPT）

生：三个。

师：几个人？（点击 PPT）

生：四个。

师：四个人，这是著名的童话——《巨人的花园》。看下面这张图片，这是谁？（切换 PPT 呈现局部画面）

生：匹诺曹。

师：说匹诺曹的请举手。好，为什么是匹诺曹？

生：因为它全身上下的关节都是机械化的，所以自然联想到匹诺曹。

师：机械化的。

生：因为我们看过那个童话，知道匹诺曹是一个木头人，还有很长的鼻子，所以我们认为这是匹诺曹。

师：好，是不是呢？

生：是。

师：其实不是（点击 PPT 呈现整体画面），这是另一篇童话《小木偶的故事》，故事中它是只有微笑表情的小木偶，结果它处处碰到困难。（切换 PPT 呈现局部画面）这是谁？

生：卖火柴的小女孩。

生：睡美人。

师：卖火柴的小女孩？谁这么有才华！这是谁？只要睡觉的女生就是睡美人吗？到底是谁？

生：爱丽丝。

师：爱丽丝，还有谁？再提示下（点击 PPT 呈现更多画面，但不是完整的），把你们知道的童话人物都说出来。

生：豌豆公主。

生：青蛙王子。

生：我觉得是海蒂。

师：她觉得是海蒂。(点击 PPT 呈现完整画面)

生：看了这个之后，我觉得像是拇指姑娘。

师：为什么？你看到什么了？

生：我看到她很小。

师：看到她很小，因为她后边是青蛙。你们看过《拇指姑娘》吗？

生：看过。

师：这后边是什么？

生：蟾蜍。

师：蟾蜍和青蛙一样吗？

生：不一样。

师：看到这儿我觉得你们的智慧受到了挑战，再往下看这幅图（切换 PPT 呈现局部画面)，这能挑战你们的智慧。这是什么故事？

生：龟兔赛跑。

师：说龟兔赛跑的请举手，你为什么觉得这是龟兔赛跑？

生：因为我看到一只乌龟，还有一只兔子，而且兔子还指着远方说话，可能它想跟乌龟赛跑吧！

师：你们有没有从刚才看图猜故事中得到点什么教训？

生：有。

师：什么教训？

生：不能只看局部的图，因为还有更完整的。

师：对，不能只看局部，还要看完整的图，才能知道这是什么故事。现在你们确定是龟兔赛跑吗？

生：确定。

生：不确定。

师：行，是什么你们根本就不知道了，是吧？你们的思维已经被我打乱了。你说为什么还是龟兔赛跑？

生：我跟刚刚那个女同学的想法一样（不能只看局部)，但是我还是想让我的思维跟着我的感觉走。

师：思维跟着感觉走是不对的。什么故事？（点击PPT呈现完整图片）有什么想说的？

生：我刚才就想这应该不是龟兔赛跑，因为我看到兔子和乌龟在说话，而且指向一个方向，这肯定不是龟兔赛跑，而且兔子的头上还有一根手指，我敢肯定不是龟兔赛跑，因为龟兔赛跑中并没有提到人。

师：这是你观看图片的感受。

生：我一开始感觉，如果是龟兔赛跑的话，乌龟和兔子应该是很大的，因为它们是主人公嘛，而您给的是很小的部分，所以觉得有可能不是龟兔赛跑。

师：看了这四张图以后，大家是不是有些感受？我们做判断的时候，一定要看到整体，要看到事情的全部，这样才能去下结论。

一、聚焦故事题目

师：今天，我们讨论的是一本书：《狼王梦》。《狼王梦》在你们手里。你们都读过吗？

生：读过。

师：现在大家把手放在书上，老师来问你，你真的读懂《狼王梦》了吗？（切换PPT）

谁的梦？	什么梦？	过程怎样？	实现了吗？

师：先说《狼王梦》的题目，这是谁的梦？什么梦？过程怎样？实现了吗？

生：我觉得是紫岚的梦，紫岚想让它儿子成为狼王，过程是死了三只狼，结果没实现。

生：我认为是黑桑的梦。

生：我认为是紫岚和黑桑共同的梦——想让自己的后代成为狼王。过程是前三匹狼都死了。但是，我有不同意见，因为我认为狼王梦只是暂时没有实现，以后会实现的，因为最后的结尾写到紫岚最小的女儿媚媚又生了一窝小狼。

师：只是这本书里没实现，得出这个结论证明你们读懂了。现在我要追问一个问题，为什么要做狼王？

生：我认为是为了实现黑桑的梦。

师：黑桑为什么有这样的梦？

生：狼王和普通的狼待遇不一样。作为狼王，一是气质不同，可以吃好吃的；二是可以颐指气使，就像人一样，能出人头地。所以我想它想做狼王。

师：说了两点，一是可以吃好吃的，二是可以指挥别人。你们同意吗？

生：我基本同意，我认为人都想拥有权力，比如，古代很多人都喜欢当皇帝。我觉得黑桑想当狼王，是因为它认为权力特别好。

生：我认为这是一种荣誉，它想证明自己的能力。

生：我觉得这是它的野心。

生：文中写到，狼王头脑简单四肢发达，紫岚认为，如果黑桑当了狼王，可能会给其他狼带来好处，所以黑桑想当狼王，一定成分上是在为其他狼考虑。

师：利益是第一层，荣誉是第二层，给他人带来利益是第三层。

生：在文中也写了，现任狼王是和它的伙伴杀了原来的狼王才当上狼王的，所以我觉得它也有可能是为以前的狼王打抱不平。

师：还有报仇，这是第四层。我认为大家齐心协力把题目读懂了。（切换 PPT）接着看目录，有一个版本把它分成了六章，每一章都是围绕着谁写的？读懂了吗？

生：我认为都是围绕紫岚展开的。

师：有不同的意见吗？

生：除了围绕紫岚，还是围绕狼王展开的。

师：有不同意见吗？没有啊。我有不同意见，第三章，魂断捕兽夹，是围绕紫岚吗？

生：我认为应该也是围绕紫岚写的，虽然这章大部分写的是蓝魂儿，但关键内容还是针对紫岚的描写，比如紫岚的心态，紫岚培育的苦心，以及蓝魂儿被捕兽夹夹住，紫岚的伤心和悲痛。

师：还有其他意见吗？

生：第三章的题目是魂断捕兽夹，我觉得这个“魂断”有两层意思。第一层，蓝魂儿丧命于捕兽夹。另外，我们知道狼王是整个狼群的灵魂，紫岚知道它的儿子能成为狼王，它已经把这个梦想融入了它的灵魂中，所以蓝魂儿死了，对它的打击很大，这是第二层意思。

师：两层意思，第一层是蓝魂儿死在捕兽夹之下，第二层是紫岚的灵魂，它的梦想、它的寄托都死在了捕兽夹之下。说得非常好，我建议把掌声送给这位女同学。

师：下面几张图，大家和目录对应一下。看你们能对应上吗？（切换 PPT）这是哪一章？

生：绝境分娩。

师：谁能说一下为什么是第一章，而不是最后一章？

生：因为第一章写了紫岚在分娩时与大白狗周旋，大白狗退走之后，那块儿有山洪，而这张图里有水，紫岚正在水里走动。

师：你感觉在水中，其他同学有不同意见吗？

生：我感觉紫岚的肚子有些微微下垂，应该是怀孕时期。

生：我记得后边紫岚的腿断了，这里紫岚的腿还是好好的，还很年轻的样子，所以不可能是最后一章。

生：从书中的叙述可以知道，自生产后紫岚一直处于劳累、疲惫状态，这张图中紫岚看起来没那么虚弱，所以我判断是紫岚生产前，所以是第一章。

师：好，这里是第一章。（切换 PPT）这是在干什么？

生：偷鹿崽。

师：对，第一章中的偷鹿崽场景。（切换 PPT）这是哪一章？

生：第二章，培养黑仔。

师：哪个是黑仔？

生：左边的那个。

师：左边的那个，最大的那个。（切换 PPT）有熊的图片，这是哪一章？

生：第三章，魂断捕兽夹。

师：（切换 PPT）这是第四章，重塑王者品性。（切换 PPT）这是哪一章？一只雕抓着一只狼！对，这是最后一章血洒碧空。

师：其实这些章都有一个主要的角色，这个角色是谁？

生：紫岚。

师：其实前边的故事你们都能读懂，通过读图和目录就能把故事串起来。

二、聚焦故事主人公

师：下面，我们来聚焦这个故事的主人公——紫岚。（切换 PPT）能看懂这张图吗？

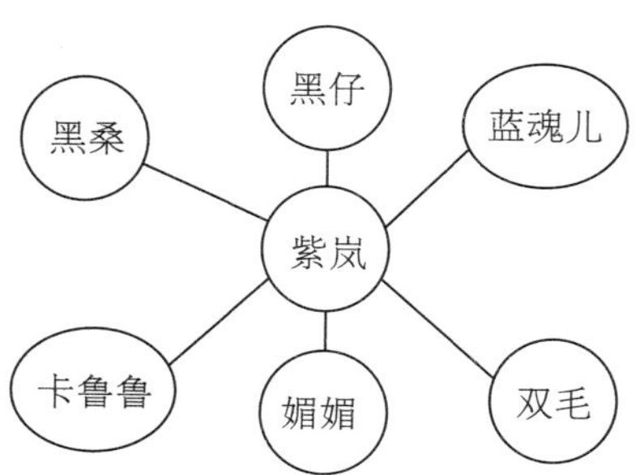

生：中间是紫岚，她是黑仔、蓝魂儿、媚媚和双毛的母亲，然后黑桑是紫岚原来的丈夫，它已经死了，卡鲁鲁最开始想追求紫岚，被紫岚

拒绝了，后来和媚媚在一起了。

师：好，它们之间是什么关系你们都看明白了。要想了解主人公，就要把它周围的角色搞清楚，这些角色在书中不同的地方出现，并且起到了不同的作用，但我们还是要聚焦一下紫岚。

师：(切换 PPT) 大家看这张图。谁看懂了？

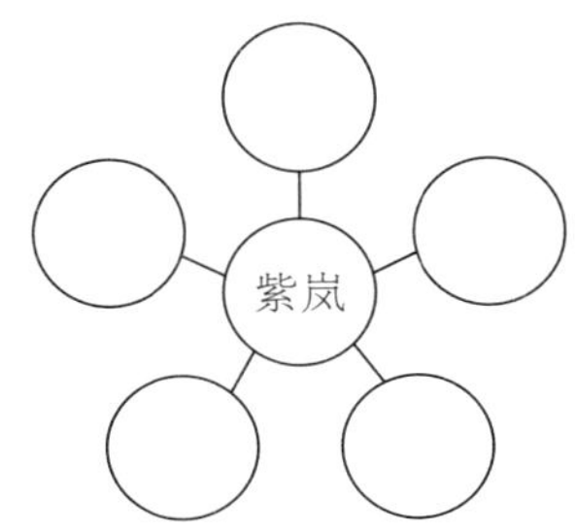

生：紫岚不是生了五个狼崽嘛，只不过不久就夭折了一个。

师：你们都认可这是紫岚和它的五个狼崽？还有不同的意见吗？你说。

生：这本书的题目是狼王梦，紫岚把它的梦想寄托在三个公狼崽身上，还有媚媚以及她原来的丈夫黑桑，所以可能是这个意思。

师：你是这个意见，还有其他想说的吗？你说。

生：我觉得有可能是紫岚的五个狼孙。

师：五个狼孙。其实同学们刚刚说的观点都有一定的道理。我想我们要看的是应从哪些角度去读懂紫岚，也就是我们要从哪些角度去研究主人公。凭你们的经验，说出一两条来就可以。

生：我觉得有两点，第一点是紫岚和家庭成员之间的关系，第二点是这个事件表达出的主人公的思想。

师：人物和思想。我们先来看下面这张表格（切换 PPT），这是和紫岚有关系的几个角色，大家都看清了吧。第一个是黑桑之死，第二个是没有名字的那个狼崽——无名之死，然后是黑仔之死、蓝魂儿之死、双毛之死和它自己的死。那么，大家现在快速地从书中找到这些部分，并且看当时紫岚是怎么做的，怎么想的，然后总体来说出你的感受。如果你有笔的话，也可以在纸上写一下。好，打开你的书，快速浏览，看哪位同学最快。

事　件	做	想	读后感受
黑桑之死			
无名之死			
黑仔之死			
蓝魂儿之死			
双毛之死			
紫岚之死			

师：好，时间到，哪一组上来，展示一下你们的讨论结果？

生：黑桑之死是因为他被野猪的獠牙刺穿了头颅，紫岚就站在黑桑的尸体前，它感觉到了一种和死者之间神秘的交流。然后就是无名之死，紫岚千辛万苦把它的小狼崽叼回洞里，却发现无名的小狼崽已栽倒在地死去了，紫岚的做法是忍痛吃掉了死狼崽。

师：谁有不同意见？

生：紫岚最开始是尽量让无名狼崽活过来的，原文是这样的——“它把狼崽紧紧地抱在自己的怀里，用舌头不停地舔着狼崽的眼皮、鼻翼和嘴唇。醒醒吧，宝贝，睁开你明亮而又淘气的眼睛，瞧，妈妈正守在你身边，我们已回到石洞，这里没有风雨，也不用害怕雷电。醒醒吧！”但是无名狼崽真的死了，紫岚是为了不让其他的狼崽饿肚子，才把它给吃掉了，这样才能挤出乳汁喂活其他的狼崽。

师：这个有异议吗？没有，好，继续。

生：然后就是黑仔之死。黑仔独自出来觅食，没有紫岚的陪伴和监护被金雕发现并吃掉了。然后，紫岚想让蓝魂儿当狼王来顶替黑仔的位置。

生：接着就是蓝魂儿之死。蓝魂儿被人类的捕兽夹给抓住了，蓝魂儿已经不能逃脱，这个时候紫岚能做的就是把蓝魂儿的喉管咬断，让蓝魂儿死得痛快些。因为如果把蓝魂儿留给猎人和猎狗，人类为了炫耀就会奚落和嘲笑蓝魂儿，甚至会把蓝魂儿钉在树上。紫岚想让黑仔当上狼王，黑仔死了，想让蓝魂儿当上狼王，蓝魂儿也死了，这时就只能培育最小的双毛。双毛死的原因是虽然它被训练得特别勇敢了，却太急于PK掉现在的狼王，实力不够。

师：双毛是怎么死的，紫岚是怎么做的？

生：最后所有的狼全都来吃双毛，因为他挑战狼王失败了，紫岚就觉得特别残忍，心中很苦涩。最后就是紫岚之死，它被媚媚赶出来之后，被老雕给叼走了，它本来想在降落的时候逃走，老雕看出它的计谋，就越飞越高，最后老雕啄瞎了它的两只眼睛。虽然紫岚的眼睛瞎了，却也咬断了老雕的翅膀，最后一起坠落在地面上同归于尽了。

师：它这样做是怎么想的，为了什么？

生：紫岚想的是不能让老雕再去叼媚媚生的那些狼崽。

师：这些狼的死，我们都已经弄清楚了，但是在讲述的时候要注意说一下死的经过，以及紫岚是怎么做的、怎么想的，因为我们讨论的主人公是谁啊？

生：紫岚。

师：对，是紫岚，这个细节你们组说得不太清楚，各种事件和主人公之间的关系你们要搞清楚，既要说得明白，又要说得简练，最后表达一下你们整体的感受。

生：我们觉得紫岚他们一家是非常不幸的。

师：好，这是你们组的总结。其他组呢？后面那组同学，你们可以到前面来吗？将内容表达得稍微简练一点。

生：黑桑本身是一个体力和智慧高度统一的强者，也有当上狼王的野心，紫岚是黑桑坚定的支持者，我觉得紫岚后来想让它的孩子当上狼王也是受黑桑的影响。但是，在黑桑即将成功的时候却被野猪杀死了，感觉就是天公不作美。

师：哦，天公不作美，老天不给力。

生：无名之死，是因为暴风雨的侵袭，被紫岚救了的时候像是病了，刚出生不久生命很脆弱，就死掉了，读后感是……

师：读后感是就整个故事而言的，不用一个事件说一次感受。

生：接着让我们组其他同学补充。

生：黑仔之死，紫岚一心培养黑仔成为狼王，也一直把关注点放在黑仔身上，毫不掩饰对黑仔的偏爱，并努力训练黑仔，而黑仔也有超级的胆量，却因为疏忽被老雕吃了。黑仔死的时候，紫岚非常伤心，书里描写的是它母性的心都碎了，但是它也怪自己疏忽大意，觉得自己望子成龙的想法太急切了。

生：蓝魂儿之死是因为它忙着去捕猎，中了猎人的陷阱。紫岚为了不让蓝魂儿被猎人和猎狗活擒并羞辱，只能把蓝魂儿咬死，并叼着蓝魂儿的尸体离开了河谷，它肯定特别伤心。然后是双毛死的时候，紫岚蹲在双毛的骨头旁边，心里涌起了一股说不出的苦涩感，它当时彻底绝望了，因为它已经没有其他的公狼崽可以培养了。

生：紫岚之死在最后一章，它想帮女儿媚媚把老雕给引开，并勇敢地与老雕进行了搏斗，最后它咬断了老雕的翅膀与老雕一同摔死了，我觉得当时紫岚想的是自己已经这样了，一定要保护媚媚的孩子，与老雕同归于尽，并寄希望于媚媚的孩子中有一只能成为狼王。

师：那你们综合起来的读后感是什么？

生：这个故事是围绕紫岚的狼王梦来写的，写出了紫岚希望儿子成为狼王并训练它们的过程，以及紫岚梦想的破灭、由此引发的各种情绪。

师：其他组还有补充吗？

生：我们组的读后感受与他们的不太一样。我觉得紫岚的这个狼王梦是为了实现黑桑的狼王梦，如果不是因为这个梦，黑仔、蓝魂儿和双毛不一定会死，我觉得这个梦太奢侈了。

生：我跟他们的看法都不一样，我觉得捕猎本来就是一场你死我活的斗争，有斗争必然有死亡，这是正常的。

师：这位学生觉得狼的死是正常的。

生：我们组针对紫岚之死做了很深的讨论，紫岚死之前就是希望与老雕同归于尽，为黑仔报仇，不让黑仔的悲剧在狼孙的身上重现，它用残余的生命来支撑它这一生的愿望，也体现了母爱的伟大。

生：我补充一下在蓝魂儿之死那部分紫岚所想的。它是一只母狼，一般情况下是不会把自己的孩子杀死，还把身体咬成两截带走的，狼性使然，因为它不想让人类为了炫耀，做出玷污狼魂的事情来。

师：好，大家都说了说自己的想法。到现在为止，你们读懂紫岚了吗？我们去读书并分析就是为了读懂紫岚，谁觉得自己读懂了紫岚，可以结合下面这张图说一说。(切换 PPT)

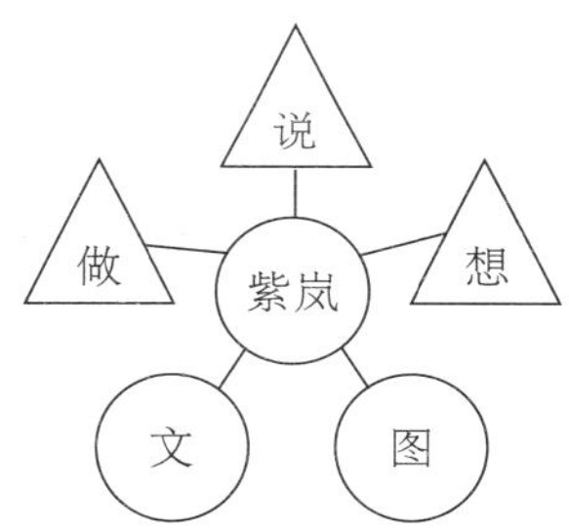

生：我想说的是，总结事件的时候，应当从紫岚的角度进行归纳。黑桑死的时候，紫岚壮志未酬，之后所做的事情是为了完成黑桑的遗愿。无名之死，紫岚表现得比较冷静，如果它不那么累的话，可能会把无名救回来，可是力不从心，紫岚很无奈，也很悲伤。黑仔之死，使它懂得了要防备外界的威胁，就是要全面地防卫外界的那些天敌，坚决不能疏忽，因为如果它当时不疏忽的话，黑仔也死不了。然后是蓝魂儿之死，紫岚已经有些孤注一掷，没有几只公狼崽了，所以蓝魂儿死的时候，它很失望，嘴里像塞了苦艾一样苦涩。只剩双毛这一只公狼崽了，它甚至有些绝望，因为双毛的奴性非常大，最开始它用了各种各样的方法训练双毛都没有用。当它付出沉痛的代价终于培养出了双毛的狼王气概时，很是欣慰。后来双毛死了，相当于紫岚的狼王梦已经破灭。在紫岚自己快要死的时候，有着对黑桑的愧意，还有无奈，但它看到媚媚和卡鲁鲁又有了一窝狼崽，它又恢复了它的狼王梦，和老雕同归于尽。最后，我的感受是谋事在人，成事在天。

师：我觉得她有点读懂了，她把紫岚每一次面对事件时的整个心理变化分析了出来。其实大家也会发现黑桑死的时候，紫岚没有太过悲伤，它只是感受到黑桑传递了一股神秘的力量。黑仔死的时候，紫岚伤心之余则埋怨自己的粗心大意……每发生一件事，紫岚就会有一些变化。这就是读懂一个角色的方法，重要的是我们要看到紫岚做了什么，想了什么，才能体会到它的内心，感受到它是充满希望的，还是充满绝望的！我觉得刚刚这位同学已经读懂了，其他同学也有了不同程度的理解。所以我们要读一本书，要读懂一个人物，尤其是一个重要的人物，必须对书中的事件和人物的心理进行分析。其实，通过这个图大家就能看出来，我们研究紫岚，主要研究的是它做的和它想的。除此之外，我们还可以研究它说的，以及相关的图和文字，通过这些来读懂人物。

三、聚焦故事主题

师：下面我们来探讨“主题——你读懂了吗？”（切换 PPT）你们知道什么是主题吗？主题就是这本书主要表达的意思。你们读懂这本书的主题了吗？中间留了个方框用来填主题。你们各个小组用 30 秒时间讨论一下，你们觉得这本书的主题，如果用一个词来概括，是什么？组内讨论后，写在纸上，并告诉我。

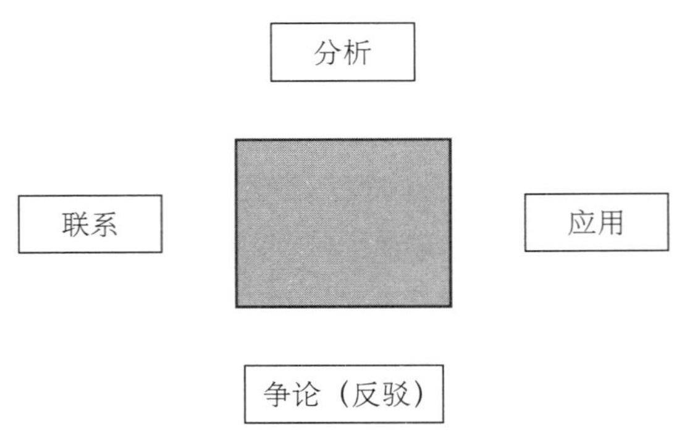

（注：六面型讨论图见第 56 页。）

师：好，七个组依次说出你们探讨出的主题。

生：（依次回答）当狼王的梦想；梦想追求；梦想的传承；传承梦想；梦想；野心；适者生存。

师：好，这是大家分别讨论出的主题。多数同学聚焦的是？

生：梦想。

师：这是一本写梦想的书，我们先聚焦一下梦想。对于“适者生存”“野心”我们这节课不讨论。我们可以从四个方面讨论梦想。（切换PPT）第一，将书中的梦想分成具体的几个类型进行分析；第二，将书中的梦想跟已理解的相联系；第三，以创造性的方式把梦想应用到自己的生活中；第四，支持或反驳《狼王梦》中关于梦想的观点。每组挑选一个方面进行讨论，给大家三分钟时间。

（学生讨论。）

师：好，可以了。你们组先来说说你们的讨论结果。

生：我们组选的是第四个，就如同天下很多家长都希望自己的孩子有出息一样，我们是支持这个狼王梦的。而且，紫岚最后是为了完成梦想才死掉的，它寄希望于媚媚和卡鲁鲁的孩子成为狼王，所以和老雕进行了殊死搏斗。

师：好，第二组。

生：我们组也选择了第四个，但都持反对意见。因为成为狼王是黑桑和紫岚的梦想，黑桑死了以后，紫岚相当于把狼王梦强加到了后代身上，所以后代的死都和它有关系。

生：（补充）一个狼群才有一个狼王，这个梦想太大了，付出的代价也太大了。我觉得追求梦想可以，但是不可以过分。紫岚就是过于追求梦想，才使得自己的孩子一个接一个死掉。

师：两个组说完了，其他同学可以补充意见，自由说。

生：我支持这个狼王梦，当狼王是很正常的想法。假如有人问你长大了想要干什么，你不可能说“我就想待在家里吧”，都是说一个比较好的工作之类的，这其实也是一个类似于狼王梦的梦想。

生：我们组都是持反对意见的，我代表大家说说。我认为这个梦想十分奢侈，紫岚为了黑桑的一个遗愿，而使自己的三个孩子都白白地丧了命，即使当上狼王也没什么实质性意义。

生：我补充一下，我认为这本书有点影射现在的社会，很多家长望子成龙，急于求成，把自己的想法强加给孩子，但是不一定适合孩子。有梦想是好事，可能如果紫岚不这样急于求成的话，它的狼崽们就会很快乐地长大，并会有一种很好的天性，但是它用很强硬的方式使它们改变，我觉得这是紫岚做错的一点。我们知道，不管是狼群还是人类的社会，都会有个金字塔一样的分层，有处于顶层的王，也会有处于底层的普通成员。如果每一个狼都希望自己或者自己的孩子成为狼王的话，那就不太平了。我觉得紫岚的梦想有点太武断了。

师：这是他们的观点，还有要补充的吗？

生：我是支持这个狼王梦的。当上狼王的话，地位就会上升，比如食物之类的就有优先得到权，所以一开始有一点艰苦也没有关系。

师：其他同学呢？看来大家没有讨论其他的点，都讨论了支持或反驳《狼王梦》中关于梦想的观点。

四、聚焦写作意图

师：很多同学说出了自己的想法，有从自己的角度说的，有从家长的角度说的，也有从书里的角色的角度说的。其实，任何一个作者创作一本书，都有他自己的目的。大家猜猜，我们这本书的作者为什么要写《狼王梦》？

生：我认为这本书，有可能是作者为了抒发自己一时所想而写的，还有就是作者希望通过这本书，让人了解到一个母亲对孩子伟大的爱，以及要完成自己的一个梦想就要有一个宏伟的计划。但是紫岚为了实现狼王梦不仅把自己的命搭进去了，还把几个孩子的命也搭进去了，这是不妥当的做法，也反映了当今社会中一些不合理的事情。

师：这位同学表达了自己的观点，其他同学还有什么想法？

生：我反对刚刚那位同学说的最后一句话，我觉得作者写的是动物小说，而不是为了反映现实生活中一些不合理的事情。我的观点是，《狼王梦》是动物小说，它主要是为了反映狼的习性等方面的内容。

生：我觉得，作者写这本《狼王梦》是想反映不管是狼群还是人群中的一些问题，是在反映一种现实。因为在一个狼群中肯定是有想登上王位的，这是比较写实的一部作品。

师：有人说有写虚的一面，有人说有写实的一面。

生：作者反映的是狼群和人群都现实存在的问题。

师：书被写出来后，是属于作者的也是属于读者的，可以自由发挥你的想象并表达你的观点，我们现在往下进行。

师：一本书可能有不同的版本（PPT 展示《狼王梦》的不同版本），不同的版本在编辑和设计的时候会略有不同，有的体现在插图上，有的体现在封面设计上，有的体现在附加的内容上。大家选书的时候，可以看看不同的版本，进行对比阅读，这有助于你了解一本书的深层次的意义。老师今天带大家讨论了《狼王梦》，但我们更主要的任务是知道如何读懂一本书。（切换 PPT）

如何读懂一本书

题目　故事　主人公　主题　作者　版本

师：我们要先看题目，然后看故事，去了解主人公，去想书中表达的主题，然后去推测作者的创作意图，还可以看看不同的版本，这是我们真正读懂一本书的有效途径。其实，对于小学生而言，要想读懂一本书还有非常重要的一方面——语言。今天我们讨论了很多，书中的语言运用我们没有讲，这可以作为我们以后再次进行讨论的关键点，看看作家写作的时候喜欢用哪些方面的语言，他的语言有什么样的特点，我们可以专门把语言作为一个专题进行研究。像写黑桑的时候，写无名狼崽的时候，写黑仔的时候，写蓝魂儿的时候，作家分别是用哪些不同的方式来表达的，都值得我们去学习，去探究。但是今天时间有限，只能以后再做探讨。谁来总结一下，今天这节课我们是怎么上的，上的效果怎么样？

生：我觉得这节课，我们主要以讨论为主，对书中的情节、人物都进行了分析，让我们对这本书有了更透彻的了解，以讨论的方式来学习、读书，这种方式挺好的。

师：谢谢。其实同学们可以选择自己安静地读书，也可以与同学讨论着读书，这样你对内容会有更深刻的了解。关于梦想，老师今天不想下一个结论，但是有一点必须得肯定，就是追逐梦想是没有错的，每个人这一生都在追求梦想的路上。希望同学们上完这节课后，会怀揣梦想，不惧困难，向着光明的前方不断地前行。好，这节课就上到这里，下课。

教后反思：

《狼王梦》是一本深受学生喜爱的书。这本书我也读过很多遍，值得思考的地方有很多，本节课主要展示的是思考的过程，想让学生了解读书的方法，并且可以迁移到对其他书的阅读中。

这节课让我和其他听课老师惊讶的是学生的表现，他们能够客观地看待紫岚的行为。有的同学能联系到自己的生活，认为爸爸妈妈把他们没有实现的愿望寄托在了孩子身上，因为心中有遗憾，所以就拼命地给孩子报班。学生把书中的内容与自己的人生体验结合在一起，读狼的故事，想自己的人生，我认为这是读书为人生的一种具体体现。如果只局限于对书的内容的讨论，显然是本本主义的体现。如果只谈人生不结合书的内容，又是六经注我的体现。所以，把生活与书中内容联系在一起，是比较适切的阅读方法。

在这次讨论中，我首次使用了六面型讨论图，根据实际，我去掉了两面，变成了四面，希望学生能从多个角度讨论主题，显然，他们做到了。

本章小结

要点提炼

1. 引导学生阅读《朝花夕拾》，目的是让学生把文字背后的意义与作者的生活背景结合起来，了解作者生活的年代及其人生经历。

2. 在引导学生阅读的时候，可以先找出能够吸引学生的地方。

3. 我们要读一本书，要读懂一个人物，尤其是一个重要的人物，必须对书中的事件和人物的心理进行分析。

4. 我们要先看题目，然后看故事，去了解主人公，去想书中表达的主题，然后去推测作者的创作意图，还可以看看不同的版本，这是我们真正读懂一本书的有效途径。

5. 把生活与书中内容联系在一起，是比较适切的阅读方法。

阅读思考

一、你认为《朝花夕拾》适合六年级的学生阅读吗？说说你的理由。

二、你发现这个年龄的学生在阅读讨论方面有什么特点？

三、你从《朝花夕拾》这个案例发现了哪些教阅读的策略或者方法？

阅读行动

综合以上思考，请你进行一个新的教学设计。

《朝花夕拾》________课型教学设计

一、课型设定

二、本书解读

三、教学设计

（一）教学目标

1.

2.

3.

（二）教学过程

1.

2.

3.

（三）教学工具

1.

2.

3.

第五章　指向阅读能力的读整本书教学

CHAPTER 5

本章导读

阅读能力是在阅读过程中表现出来的本领，是可以迁移到其他阅读材料和阅读环境的个人表现。

本章选取的三个案例，分别指向：思维与表达，理解与运用语言，建构意义。这三个方面的阅读能力是学生必不可少的，需要在阅读的过程中进行培养。

读这一章，需要和前面两章进行联系，思考一下：阅读经验、阅读策略和阅读能力是什么关系？具体到学生身上有什么区别和联系？一个人不具有阅读经验，不掌握阅读策略是否具有阅读能力？教学的目标是相对明确的，在具体的操作中，阅读经验、阅读策略、阅读能力是否可以用同样的方式进行培养？

追根究底，阅读能力是需要反复训练才能养成的，不是通过一本书的教学就能实现的。本章所列的三个案例显然只是一种理想化的呈现，是教学选择的结果。而阅读经验的积累和阅读策略的合理运用对学生阅读能力的提高，必然是有着重要作用的。

第一节
学习思考与表达
——三年级《亲爱的汉修先生》讨论课教学实录

背景说明：

2016 年 11 月 26 日，在深圳举办的“儿童阅读课程研究中心成立暨 2016 年儿童阅读课程推进大会”上，我执教了《亲爱的汉修先生》这本书，课上与三年级的学生一起交流讨论。

这是我第四次执教这本书，但是每次执教的方式都不尽相同。上课之前，学生已经阅读过这本书了，并根据我提供给他们的预学单，梳理了该书的基本内容。这次是读后讨论课，有意于提高学生的阅读能力。

本节课的教学设计分为以下几个部分：

猜人物，交流读书感受；出示细节，想想为什么；聚焦主人公，体验成长过程；回归整体，领悟表达；介绍作者，总结读法。

从自我感受，到内容理解，再到领悟表达、总结读法，希望本节课能为学生阅读能力的提升搭建“脚手架”。

一、猜人物，交流读书感受

师：同学们好！

生：老师好！

师：听说你们班同学语文学得特别好，是这样吗？

生：（边笑边大声地喊）是。

1. 看图片，猜人物

师：听说你们都读过《亲爱的汉修先生》了，那我就来考考你们。（PPT展示图片）这是谁？

生：鲍雷伊。

师：（切换PPT）这个呢？

生：鲍雷伊的爸爸。

（不断切换PPT展示不同图片。）

生：（随着图片切换齐声答）鲍雷伊的妈妈，“土匪”，汉修先生，法兰德林先生。

2. 一句话，猜人物

师：接下来我们通过一个小游戏，来看看你们读这本书的情况。现在就请你们打开书，找到写他们的任何一句话或者一段话，当你读出来的时候一下子就让别人猜到，这句话或这段话写的是谁，行吗？好，给你们的时间是一分钟。计时开始。

（学生翻书。）

师：好，时间到。谁找好了，请举手。请你们（五位同学）到前面来，其他同学把书合上。所有的游戏一定要有规则，这次的规则是，讲台上的五位同学读书中的一句话，你们讲台下的同学猜这句话是谁说的。如果你们能够猜出来，他们就回去坐着；如果你们猜不出来，他们就陪老师在这站着，行不行？

生：行。

师：好，谁先开始？

生1（台上）：一二年级的时候，同学们都叫我“矮冬瓜”。

生：这是鲍雷伊。

生1（台上）：对。

生2（台上）：小心！别丢了你的假牙！

生：他是法兰德林先生。

生2（台上）：对。

生 3（台上）：我想做一个防盗警报器。

生：鲍雷伊。

生 3（台上）：对。

生 4（台上）：雷伊，看到你的笑容真好，希望你一直这样。

生：法兰德林先生。

生 4（台上）：对了。

生 5（台上）：我不需要再假装写信给汉修先生了。

生：鲍雷伊。

生 5（台上）：对。

师：哇，他们没人陪我在这站着，看来这个难度太低了。想不想来个难度高一点的？

生：想。

3. 一句话，猜不到人物

师：下面再给你们一分钟时间，找到一句话或者一段话，读出来，让别人猜不到他是谁。

（学生翻书。）

师：好，时间到，谁找到了？请到前面来，就五个人。这次的规则变了，谁一读就被别人猜出来了，那就陪老师站着；要是一读，别人猜不出来，就回去坐着。

生 1（台上）：拜拜，小子。记得把鼻子擦干净。

生：鲍雷伊的爸爸。

生 1（台上）：对了。（学生们笑）

生 2（台上）：亲爱的笔记本。

生：鲍雷伊。

生 2（台上）：对。

生 3（台上）：他说他正在等人家往车上装马铃薯。

生：鲍雷伊的爸爸。

生 3（台上）：对。

生 4（台上）：我们结婚的时候太年轻了。

生：鲍雷伊的妈妈。

生4（台上）：答对了。

生5（台上）：我不是你在马路上随便碰到的野小子！

生：鲍雷伊。

生5（台上）：对。

师：我觉得你们有必要一起总结一下经验（对着讲台上的学生），怎么一读就被人家猜到了？下面的同学也总结一下经验（对着讲台下的学生），为什么他们一读，就知道是谁？给你们30秒讨论一下。

师：时间到了，你们推选哪个代表出来讲讲你们的讨论结果？（对着讲台上的学生）

生：因为他们读得太熟了。

师：（对着台下的学生）他们怪你们。你们怎么说？找一个代表说说，你们为什么能猜到？

生：是老师叫我们要把这本书读熟的。

师：我听出来了，他怪老师。我估计一会儿见到你们老师，你们老师该怪我了，因为是我让他叫你们读熟的，看来你们最后都该怪我，是吗？

（学生们大笑。）

师：（对着讲台上的学生）好，你们都回到自己的座位吧。

师：通过这个环节，老师知道，这本书你们都读熟了。

二、出示细节，想想为什么

师：老师开始向你们请教问题了。这是第一次请教，你们要慎重地思考，想一想为什么这是我想不明白的。我读了好多好多遍，就是想不明白，看你们能不能帮助我！

1. 细节：我的胃

师：（切换PPT）这段话是什么意思呢？我真的读不懂。

电话铃响了。妈妈在洗头，她叫我去接。是爸爸打来的。我的胃忽然变得很沉重，好像要垂到地上了。我每次听到他的声音就有这种感觉。

生：我觉得是因为鲍雷伊恨他爸爸。

师：你们同意吗？他只说了观点，没说证据。你有没有证据来说明一下？

（学生摇头。）

师：其他同学能找到证据吗？

生：我觉得是因为他爸爸每次都叫他“小子”。

生：因为他爸爸每次答应给他打电话，却都没有打。

师：这是其中一个原因。你们是不是应该到书里面去找一找？为什么他接到爸爸的电话就感觉很难受？

生：因为他爸爸把“土匪”给弄丢了。

师：把“土匪”给弄丢了，他就觉得胃很难受？大家看这里最关键的是什么啊？是胃很难受对不对？

生：在鲍雷伊很小的时候，他的爸爸就和妈妈离婚了。

生：因为他爸爸有一次请一个别的小男孩吃比萨。

师：在哪里？你能在书里面找到吗？告诉大家。

生：“喂，比尔叔叔，妈妈要我问你，我们什么时候去吃比萨？”

师：我觉得这两者之间没什么关系啊！

生：这句话后面的一句是“我的肠胃突然一阵痉挛”。

师：（纠音）痉挛。肠痉挛，知道“痉挛”是什么意思吗？就是抽搐，就是难受，就是不舒服。那么这句话前面是什么？

生：“我正要说我懂，一件可怕的事发生了，我想那是这通电话里最可怕的部分——我听到一个小男孩的声音。”

师：你们觉得这一部分和我之前讲的鲍雷伊的胃突然变得沉重那一段话有联系吗？到底是什么样的联系呢？

生：因为爸爸打来的电话使他想到了这一段对话。也许是他想到了那个让他爸爸请吃比萨的小男孩。

师：想到了那个小男孩又有什么呢？

生：他以为他爸爸把他给抛弃了。

师：好，谁能完整地把自己的想法告诉大家？

生：因为那个小男孩说："比尔叔叔，我妈妈要我问你，我们什么时候去吃比萨？"说明这个小男孩是有妈妈的，鲍雷伊害怕他爸爸现在已经和这个小男孩的妈妈结婚了，然后他就被抛弃了。

师：我现在有点懂了，就是鲍雷伊一听到爸爸打电话来，就联想到之前和爸爸通电话时，他听到的那段对话，他觉得爸爸不要他了。那一次他是胃痉挛，这一次胃怎么样啊？要垂到地上去了。这一次真的是胃难受吗？还是哪里难受啊？

生：心难受。

师：你们真棒，是心难受，我说为什么我读不懂呢。好，这个问题回答得很好，还可以再问一个问题吗？

生：可以。

2. 细节：真话

师：（切换 PPT）"是真话，但不像几个月前那么真。"真话还分等级吗？谁能告诉我为什么这要这样写呢？

"当然啊，爸，我很想念你。"我对他说。**是真话，但不像几个月前那么真。**

生：因为上一次他听到，有一个小男孩叫他爸爸去吃比萨。前些日子他还没有听到，后来他就听到了。

师：然后呢？

生：然后他就觉得爸爸没有那么爱他了，所以他也不像几个月前那么想爸爸了。

师：我听明白了，你们听明白了吗？

生：听明白了。

师：谁听明白了，举手？你给大家说一遍。

生：以前，他说那些话是真的很想念爸爸。后来他从电话里听到了一个小男孩的声音，他觉得他爸爸不那么爱他了，他也没那么爱爸爸了。

师：把掌声送给他。

(学生鼓掌。)

师：为什么把掌声送给他？因为他每一句话都说得很认真，都带着手势在强调，我觉得他说得非常好。看来这句话是和在电话里听到一个小男孩的声音有联系的，是这样的吗？

生：是。

3. 细节：结尾

师：我下面还有一句话不太懂，是文章的结尾。(切换 PPT)

我觉得悲伤，同时也感到很欣慰。

师：一个悲伤的人还能感到欣慰，老师不懂，你们懂吗？

生：因为他爸爸妈妈最后和好了，但是，没有复婚。

师：悲伤的是什么，欣慰的是什么？

生：他感到悲伤是他爸爸妈妈没有复婚，他感到欣慰的是他爸爸妈妈和好了。

师：你们同意吗？有摇头的。

生：我觉得他感到悲伤是因为，他觉得是花椰菜把他爸爸带到附近，他爸爸才过来看他的，他感到欣慰是因为他终于和他爸爸见面了。

师：你们同意吗？

生：同意。

师：他爸爸是因为运花椰菜才来到附近见他的，而不是专门来看他的，所以他觉得悲伤。虽然不是专门来，但也终于见到了，所以很欣慰，有道理。还有别的解释吗？已经有两种解释了，还有第三种吗？

生：觉得悲伤，是因为要运送花椰菜他爸爸才来到附近，才来看他的，感到欣慰的是，他爸爸特地绕了一段路过来看他。

师：这和刚才那个同学的观点是一样的。还有最后一次机会。

生：我觉得他感到悲伤，是因为他爸爸要运花椰菜才来看他的。我觉得他感到欣慰是因为他爸爸妈妈和好了，也许以后他爸爸能多给他打几次电话。

师：噢，他是觉得以后能和爸爸多交流，是这样吗？但是大家发现了吗，这是这一部分的结尾还是整本书的结尾？（停顿）所以让你们投票的话，哪一位同学的解释更合理？

（学生发表意见。）

师：有同意第一位女同学的吗？她觉得悲伤是因为他爸爸妈妈不能在一起，欣慰是因为他们真正地谈话了，真正地知道对方想要什么了。好，你们同意哪一种？（停顿）还是这位女同学是吗？好，那就按照你们自己的想法，再去想想。好了，刚才老师请教了你们三个问题，我觉得你们回答得都非常好，我还能接着请教吗？

生：可以。

三、聚焦主人公，体验成长过程

1. 看封面，感知成长过程

师：老师不明白的地方太多了，咱们来看屏幕（PPT 展示几张不同版本的封面）。我的问题是，有的封面上是小孩子，有的是大一些的孩子，有的是看起来很大的孩子，我觉得肯定是有的出版社不细心，把书的封面弄错了，你们能告诉我为什么吗？

生：因为版本不一样。

师：噢，他告诉我因为书的版本不一样，所以封面就做得不一样。

生：是为了区分这本书是自己做的。

师：噢，也是版本的问题。出版社要给自己一个独特性。

生：是因为他从小到大都写了，所以封面上的人物的年龄有小的也有大的。

师：你们同意他的意见吗？鲍雷伊给汉修先生写信是从什么时候开始的？

生：二年级。

师：从二年级一直写到几年级？

生：六年级。

师：从二年级一直写到六年级，这个同学一提醒，我就知道了，不同的出版社选择了他不同年龄阶段的画面作为书的封面。好，看来鲍雷伊经过了一个成长的过程，是吗？

生：是。

2. 做鱼骨图，说明成长过程

师：（切换 PPT）这就是鲍雷伊成长的过程，你们能看懂吗？谁懂请举手。好，请你到前面来给大家讲一下。

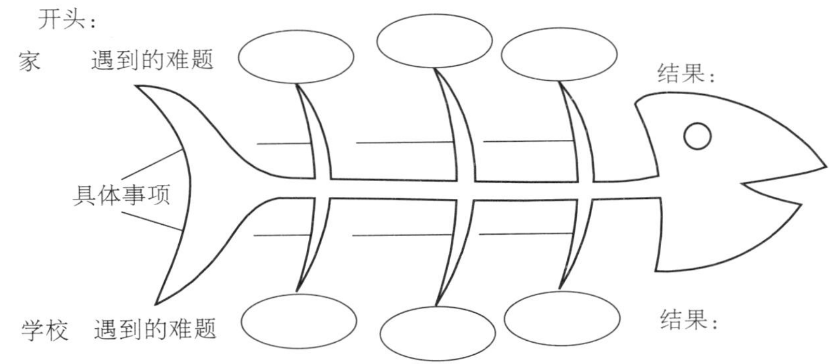

生：上面这部分是讲家里面遇到的难题，下面这部分是讲在学校遇到的难题，前面这一部分讲的开头，这里讲的结尾，这里是具体事例。（学生一边指着 PPT 中的图片一边说）

师：其实这是鲍雷伊的一个成长历程，是不是啊？这是他从开头碰到的难题一、二、三（指着 PPT 中的图片），一直到后面的结果，而这小圈里面要写一些具体的事项，你们都会写吗？

生：会。

师：下面咱们写一下。（发鱼骨图纸质材料）现在大家都拿到了，你们需要几分钟才能完成这样一个复杂的工程？五分钟可以吗？

生：可以。

师：好，计时开始。

师：（五分钟后）请大家坐好，已经写完的同学请举手。虽然没有写完，但可以把它说完的也请举手。举手的两位同学到前面来。

生：先是家中遇到的难题：第一个是不知道该怎么回答汉修先生留下来的一大堆问题；第二个是不知道怎么阻止他爸爸叫他小子；第三个是不知道该怎么做警报器。

在学校遇到的难题：第一，有人偷他的午饭；第二，没有朋友；第三，不知道该写什么作文参加比赛。

生：家中遇到的难题：第一，父母离异；第二，爸爸弄丢了“土匪”；第三，爸爸妈妈重逢却没有复婚，但是也让鲍雷伊感到了轻松。

在学校遇到的难题：第一，午餐被偷；第二，心情不好；第三，故事不会写。

师：（问台下的学生）你们和他们写的一样吗？哪些同学和他们写的不一样？你们还没有写完，是吗？你觉得写这个对你了解鲍雷伊有没有作用？（学生说有作用）有什么作用？

生：可以感受到鲍雷伊的心情。

生：可以知道鲍雷伊的困难。

师：我现在想问你们一个问题：如果没有这些困难，行不行？

生：不行，没有这些困难这个故事就太普通了。

生：不行，就太枯燥无味了。

生：如果没有困难的话，这本书就没有意思了。

师：没有意思，枯燥无味，就没有人去看了。鲍雷伊因为这些困难而逐渐成长，故事因为有这些困难而非常好看、非常精彩。所以为什么作者要制造这些困难呢？原来作者是要达到这样的效果。

四、回归整体，领悟表达

师：我想再请教最后一个问题。(PPT 展示图片) 大家看到了吗？这里有一句话——

生：一本《亲爱的汉修先生》胜过所有的作文书。

师：这不是一本故事书吗？怎么胜过了所有的作文书呢？

生：因为书里面有很多鲍雷伊写给汉修先生的信，通过信告诉我们他想表达什么。所以说，一本《亲爱的汉修先生》胜过了所有的作文书。

师：还有补充的吗？

生：因为不是一般的作文书。

师：什么意思？

生：这本书很精彩。

师：你在说“这本书很精彩”的时候，想表达什么？是不是大家可以从中学习怎样写故事？

生：对，这本《亲爱的汉修先生》通过故事书的写法，告诉了我们怎样表达自己内心的想法。

师：我觉得意思你们是懂的，但是你们没有举出例子来，让我明白，为什么它就胜过作文书。下面我有三份材料要出示，你们看完以后，结合例子告诉我，为什么它胜过作文书，好吗？

生：好。

师：下面出示第一份材料，来，你们自己读一下。(切换 PPT)

“我在这个烂学校里没有半个朋友。”我不知道自己为什么这么说，大概是我觉得非说些什么不可。

“谁想跟整天摆张臭脸的人做朋友？”法兰德林先生说，“好，就算你有困难，又怎么样？每个人都有啊！如果你花点时间去想想别人，你就明白了。”

“把自己变成一个乱踢午餐的坏家伙，一点儿帮助也没有，”法兰德林先生说，“你要从正面去想。”

（学生自由读。）

师：好，接着读。（切换 PPT）

过了一会儿，太阳从云间露出脸来。这时，那些小树叶开始移动，缓缓地张开翅膀，变成数千只橙色或黑色的蝴蝶，在一棵树上颤动个不停。然后，它们开始在阳光下的树叶间缓缓飘浮。满天的蝴蝶真是美极了，让我整个人觉得好舒服。我静静地站在那里望着它们，直到雾气渐渐升起，所有的蝴蝶又回到树上变成棕色的小树叶。这让我想起妈妈讲过的一个故事：灰姑娘在舞会结束后又变回了原样。

（学生自由读。）

师：下面出示第三份材料，你们看一下。（切换 PPT）

第一章　给亲爱的汉修先生（一）
第二章　鲍雷伊的日记（一）
第三章　给亲爱的汉修先生（二）
第四章　鲍雷伊的日记（二）
第五章　给亲爱的汉修先生（三）
第六章　鲍雷伊的日记（三）
第七章　给亲爱的汉修先生（四）
第八章　鲍雷伊的日记（四）

师：好，我出示完了，谁能说说自己的感想？

生：材料一告诉我们，如何在作文里写对话，对话的形式有几种。材料二告诉我们写作文的时候，描写景色或者是描写动物应该怎么写。材料三告诉我们写文章的时候，如果有同样的题目，可以用数字给它们排序。

生：我觉得材料一可以教我们语言怎么写，材料二可以教我们作文怎么写。我觉得这本书是在教我们写作文，所以说，一本《亲爱的汉修先生》胜过了所有的作文书。

师：大家把掌声送给他，因为他说得特别完整，我相信同学们看到这些文字，已经有些感觉了，但具体怎么写，大家应该还没有总结出来，比如说这一段话是怎么写的，上一段话是怎么写的。由于时间关系，我们没有继续往下说，但是我们有一个感觉，这本书的写作特别好。我向大家请教了几个问题，对你们的解答我非常满意，因为你们读这本书读到这个程度已经很好了，所以老师也回报一下你们。

五、介绍作者，总结读法

师：我来介绍一下这本书的作者。这本书的作者是谁呢？

生：贝芙莉·克莱瑞。

师：(PPT 展示作者照片) 看到照片上的这位女士了吗？她给你什么样的感觉啊？

生：非常亲切、和蔼。

师：亲切、和蔼，她的眼神里都透着儿童文学。好，我们往下看。(切换 PPT)

贝芙莉·克莱瑞，1916 年 4 月 12 日生于美国的俄勒冈州。贝芙莉自小就受到作为图书管理员的母亲的熏陶，喜爱看书。她很小的时候就立志要写一些有关她的童年趣事以及她身边小朋友的图书。贝芙莉曾在华盛顿大学致力于研究儿童图书的图书馆管理工作，并在日后成为一名图书管理员。她的代表作品是《亲爱的汉修先生》。

师：她还有很多其他的书，这些书在网站上都有英文原版，大家如果感兴趣也可以读一读。好了，刚才老师问了很多问题，也给大家介绍了这本书的作者，那么，通过这节课的学习，你知道怎样去阅读一本书了吗？谁能到前面来说？

生：就是了解它的意思。

生：要仔细品读一本书。

师：还有别的想法吗？

生：要阅读一本书，首先要把它的字读通，读懂它是什么意思，知道这本书主要写的是什么，主要围绕着哪一句话写的。

生：先知道作者，然后再阅读，阅读完了把你觉得好的句子写下来，把好词好句积累起来。

师：嗯，特别棒，但是我觉得这是你们原来的阅读经验，今天这节课上完以后，你觉得怎样去阅读这本书？

生：要了解里面人物的情况。

生：读这本书，要自己提出一些问题，然后再解答这些问题。

师：我带着大家来回顾一下这节课。一开始上课咱们先干了什么？（停顿）对，猜人物。猜人物是为了让大家去了解人物的特点。然后我们做的是什么？老师问了几个小问题，这些小问题只有联系这本书的其他部分才能去解决，对不对？阅读时，我们要懂得提问题，也要懂得去思考。接下来我们做的是什么？把鲍雷伊的成长写出来，从中我们体会到了困难对于一个故事的重要性。这一部分学习的主要是故事中的情节。之后我们讨论了如何来评价这本书，即为什么这本书胜过了所有的作文书。最后，我们了解了作者。也就是说，如何去阅读一本书没有固定的方式，你们原来的经验，是一种，今天老师教你们的，也是一种，希望你们能带着这些收获，去阅读更多的书，可以吗？

生：可以。

师：好，这节课就上到这里，谢谢同学们，下课。

教后反思：

第四次执教这本书，我已经对书中的内容比较熟悉，而学生阅读的时间比较短，对内容不是很熟悉，所以各个环节进行的速度都比我想象的要慢。我平时执教五、六年级的课比较多，跟五、六年级的学生比较起来，三年级学生的语速还是比较慢的。但是，我很欣慰的是在此次课上，学生的热情都比较高，整节课都能够积极参与。

因为是公开课，要展示的方面有很多，我就把自己能够展示的部分都拿出来了。但是，在我心中还是希望学生能够通过语言去理解这本书的内容，通过对表达方式的探究，明确作者表达上的特点。书只是一个载体，要根据这本书的特点，让学生学会用语言表达思维的方法，这正是阅读能力中非常重要的一项。

第二节

理解与运用语言

——四年级《女水手日记》讨论课教学实录

背景说明：

2018年4月29日，在深圳举办的“2018年春季儿童阅读课程推进大会”上，我执教了《女水手日记》这本书，与四年级的学生一起交流讨论，这节课上了70分钟。

选择《女水手日记》是因为我认为这本书对人物刻画得很好，不管是人物群像，还是个体，都很有个性，能够让四年级的学生学习如何去描写人物。故事的主人公是一名生活在条件优越家庭里的淑女型女生，在惊涛骇浪的大海上，在充满矛盾冲突的船上，她渐渐摆脱了娇娇女的形象，并在最后成为这艘船的船长。现在的孩子，家庭条件都比较好，没有经历过多少磨难，也看不到自己身上的能量。书中的女孩能够给现实中的孩子们带来一些力量。希望主人公能够成为现在学生的人生榜样，使学生不断地分析辨别，不断地提升自己的勇气。这本书中还有一个很严肃的社会问题：尊严与平等。人真的是平等的吗？人如何捍卫自己的尊严？相信学生读了这本书，会有一些思考和观点。

我把阅读的重点放在书中的语言上，试图通过多个活动让学生感受到如何运用语言，才能精准地表情达意。

本节课的教学设计分为以下几个部分：

梳理整本书的内容；看图片，猜人物；看外貌描写，猜人物；找对话，猜人物；改写剧本，体验文字表达；总结阅读经验。

一、梳理整本书的内容

师：同学们，今天我们上一节《女水手日记》的讨论课。这本书你们读过了吗？

生：读过了。

师：读过几遍了？读过一遍的举手，没有，两遍的，三遍的，不知道多少遍的。数学学得不好，不知道自己读了多少遍，请放下手。既然读了那么多遍，我想考考你们可以吗？

生：可以。

师：考一个简单点的。(PPT 展示）现在同桌互相说一下，一会儿找同学来说。

《女水手日记》这本书写的是（谁？）在（时间？）（地点？）的（事？）。

生：《女水手日记》这本书写的是陶雪洛在 1832 年的夏天，在海鹰号上发生的事情。

师：好，我们大概知道了这本书写的是什么。(切换 PPT)

1832 年 6 月 16 日下午，将近黄昏时分，我走在英格兰利物浦人潮汹涌的码头上，紧随在一个叫葛拉米的男人身后。

师：整个故事主要的地点在哪里？（停顿）船上。这艘船叫——

生：海鹰号。

师：海鹰号，就是这艘船（切换 PPT)。你们看见过这张图吗？这艘船的图片在哪里？（停顿）在书的最后。我们可以了解 1832 年所处的那个时代的船是什么样的。

师：（切换PPT）好，大家看一下图片上的这些人，全不全？

海鹰号

船长：谢克利

大副：哈林

二副：基奇

水手：巴罗、老查、杜罕、格林、摩根、
佛力、尤恩、费斯、强森

生：这里面少了一个人，就是主人公陶雪洛。

师：对，少了陶雪洛。

生：还有卡拉尼，他是以前的水手，但是他现在不是水手了，他没法签约，因为他之前惹怒了船长，然后船长不让他上船。

生：那个二副，一开始是基奇，后来是强森先生。

师：你说的是他们的岗位。你们现在确认不少人了，是吗？其实，陶雪洛的父亲、母亲、弟弟、妹妹，还有女仆也算书中的人物，是不是？好，你们现在知道有哪些人了。（切换PPT）这是这本书的目录。你们读这本书的时候，读目录了吗？

师：谁读了举手？（有学生举手）你是先读的目录，还是后读的目录？

生：先读的。

师：好，你先读目录的时候有什么感受？

生：一开始就说"'可怕'的海鹰号"，但是她还是登上了船。经过一系列的事情之后，她看到了船长的真正面目。

师：（指向另一名学生）你读目录的第一感受是什么？你觉得这是一本什么样的书，是一个什么样的故事？

生：我读目录的第一个感受就是，这是一个很惊险的故事，是会发生很多事情的故事。

师：你从哪里看出来的？

生：“‘可怕’的海鹰号”里面有“可怕”二字，还有“惊现圆形陈情书”“货舱魅影”“平叛”“船长的真面目”“老查的葬礼”“考验”“遭遇飓风”“我成了杀人犯”“禁闭室”“审判”。

师：目录能够让我们知道这本书的内容，是不是？所以目录的作用很重要。

二、看图片，猜人物

师：刚才是我对你们的第一次考验，是一个填空题。现在是我对你们的第二次考验，看你们读书的成果如何。能接受这个考验吗？

生：能。

师：（切换 PPT 展示中世纪欧洲四位贵族妇女社交的场景）大家一起猜猜图中都有谁？

生：我觉得是陶雪洛和她的妈妈。

师：你为什么这样觉得？

生：因为她们站在一起，感觉在很亲切地交谈，所以觉得是陶雪洛和她妈妈。

师：其他同学有要说的吗？（有学生举手）好，你来。

生：我觉得可能是陶雪洛和她妈妈，还有两个女仆，正好是四个人。

师：好，想知道我的答案吗？

生：想。

师：我真的不知道她们是谁，我在网上找了这张图片，让你们看看在那个年代，贵族女士都穿什么样的衣服。而我觉得你们很棒，同学们能够根据这张图片，做出自己的判断。（切换 PPT 展示《女水手日记》英文原版封面截图）下面又要开始猜了，这是谁？

生：陶雪洛。

师：为什么这是陶雪洛？

生：因为海鹰号上只有一个女性，就是陶雪洛。

师：这显然用了排除法。那还有更直接的理由让你判断她是陶雪洛吗？

生：因为她穿了裙子，所以她就是陶雪洛。

师：跟她那个差不多，因为她是个女生，是吧？你们仔细看，看到一个非常重要的信息没有？

生：她的手里拿了一把匕首，是老查送给她的。

师：对，这是能判定她准确身份的一个标志。这个呢？（切换 PPT 展示陶雪洛掌舵的画面）

生：书中写着最后陶雪洛当了船长。

师：对，她正在操纵这艘船，所以这是陶雪洛。通过图片猜人物，大家应该都有所了解了。

三、看外貌描写，猜人物

师：下边增加点难度。（切换 PPT）你们自己读一遍，猜猜这是谁。开始。

身着长及膝盖的大礼服，头上的大礼帽使他原本就高挑的身材显得更高了。他阴郁、苍白的脸上没有任何表情，双眼就像死鱼的眼睛似的。

生：这个是葛拉米先生，因为在书的第一章就描写了陶雪洛刚下车的时候看见的葛拉米先生的样子。

师：对吗？

生：对。

师：我们要快一点。（切换 PPT）

他是个矮小的男人，只比我高一点儿，身着一件白衬衫，外罩一件磨损严重的绿色外衣，两件都不怎么干净。脸孔被海风侵蚀得黝黑，下巴刮得一塌糊涂，嘴上没有任何笑意。

生：他是老查，因为这本书里只有老查皮肤是黝黑的。

师：对吗?

生：对。

师：他用的是排除法，是吗? 我们不说对不对，先往下看。(切换PPT）好，这个多一些，谁来说说这是谁? （没有学生回答）你们现在判断不出来了，是吗? （停顿）需要到书中找答案吗? 第 19 页，快速地找到，看看到底是谁。如果这个人是老查，前面那个人是谁?

他的衣服比先前那位水手的更加破旧，换句话说，上面的补丁与碎布更多。他的手臂和腿肚子跟尖铁条一样细。布满皱纹的脸庞像是一张弄皱的餐巾，上面点缀着没刮干净的白色短须，卷曲的头发很短，嘴唇是松弛的，牙齿有一半不见了，他微笑的时候（我猜这是他现在试图做的表情），只能展示一堆参差不齐的断牙，但他的眼睛中闪烁出的好奇却具有一定的威胁性。

生：是老查。这位水手比之前那位的衣服要更加破旧，后面又说了，陶小姐想喝茶的话要到老查的加油站里去。

师：那之前那位水手，有学生说是老查，他判断的依据是皮肤黝黑。这位是老查，那之前那位水手是谁?

生：有可能是基奇或巴罗。

师：到底是谁?

生：他是基奇。

师：之前那位水手是基奇，是不是? 是陶雪洛到船上见到的第一个水手。我们为什么会判断错呢? 因为我们只凭一点信息来判断的话，是很容易错的，我们要完整地读下来才行。所以排除法不一定是最好的方法，明白吗? 好，还能接着往下猜吗?

生：能。

师：（切换 PPT）接着往下看，这次有九个人。

九个男人忽然冒了出来：他们有的来自上方，有的来自下方，有的来自船头，有的来自船尾，每一个人都穿着水手特有的帆布马裤与衬衫。有些人穿着靴子，有些人打着赤脚。一两个戴着涂满焦油的帽子，其余人的帽子是红布做成的。蓄胡子的人有两个。有一个人留着长发，左耳还戴了一只耳环。他们的脸色均呈黝黑，想来是日晒与焦油熏染的缘故。

总的来说，他们表情悲凉沉默，姿态似丧家之犬，眼中除了郁闷之外没有别的东西，是我所见过的最沮丧的一群人，活像是从地狱门口招募来的佣兵。

师：我觉得你们应该商量一下再给出答案，给你们一分钟时间，开始。（学生商量）好，可以了吗？谁能说出答案？请举手。

生：杜罕、格林、摩根、巴罗、佛力、尤恩、费斯、强森、老查。

师：同学们，九个水手是不是？但是具体都是谁，你们知道吗？比如说蓄胡子的两个人是谁？留着长发的人是谁？你们能说出来吗？不能是吧？因为书中还没交代。我们再往下看点简单的。（切换 PPT）

只要看到他那精美的外套、高顶的海狸帽子、光亮的黑皮靴、雕像般洁净的脸庞与尊贵的姿态，不用别人多说一字，我立刻心知肚明，他，必定是——

生：谢克利船长。

师：你们这么快说出这是谢克利船长？是你们厉害，还是作者厉害？

生：作者厉害。

师：我觉得你们也很厉害。好，猜完了。谁来总结一下，你们猜的这个过程，如果打分的话，会得多少分？

生：50 ～ 60 分。

师：你们知道为什么你们只得了这些分吗？

生：因为我们每次都只说答案，没有说为什么。

师：对，这是其中一个原因，还有一个最直接的原因就是你们有时候不能判断出这个人是谁。你们为什么判断不出来？

生：因为我们没有认真看书，没有注意细节，总是用排除法。

师：可是，你们有的同学看了好几遍书啊！

生：老师，我觉得是因为我们没有往下看，往下看也许就有答案了。

师：还有吗？

生：其实我们只能拿这么多分的主要原因是之前我们看的时候没有仔细看，忽略了细节。而且对于衣冠描述，肯定也没有看得足够多。再加上我们都只是把名字说出来，并没有说明原因，这个人当时究竟是怎样出现的等都没有说清楚。

师：好，他概括了三点：第一，读书的时候不太仔细；第二，没有关注对人物外貌、衣着、神情的描写，只关注了情节；第三，说的时候，原因不很充分。我觉得他可以当老师了，咱们把掌声送给他。

四、找对话，猜人物

师：我们总结经验，是为了更好地学习。刚才都是我在考你们，接下来你们之间互相考。（切换 PPT）咱们来看大屏幕，我们刚才找了人物的外貌、衣着描写，现在我们要找对话。

1. 对话分以下三个角度：一是陶雪洛与谢克利船长的对话；二是陶雪洛与父亲的对话；三是陶雪洛与水手的对话。

2. 每个小组挑选其中一个角度，至少找出对应的三处对话。每四个人一个小组，千万不要告诉别人你们找的哪一个角度。

3. 汇报。两个人直接读对话，第三名同学提问题请其他同学回答，第四名同学做总结。

师：好，现在开始，准备时间是六分钟。

(学生活动。)

师：好，请大家坐好。我们先找一组同学到前面来。

生1："谢谢你，先生。"

生2："真遗憾其他两家人不能与我们同行。他们原本能够为你的海上之旅增添不少欢乐，于我亦然。"

生1："是的，先生。"

生2："你知道吗，我有个女儿。"

生1："真的？"

生3：请问这是谁说的？杨××请回答。

杨××：这是谢克利船长跟陶雪洛的对话。

生3：对，那么，请问谢克利船长是怎么想的？

杨××：他最早的想法非常简单，就是说如果水手们叛变，别的家庭也来了，可以为他作证，证明其实那些船员是叛变者，而并不是他虐待他们。他是想要更多的证人，而且他说"能够为你的海上之旅增添不少快乐"，这时他的想法是：如果你们一起在这条船上，都站在我这边，那么说不定水手就会失败。

生2："当然，那时是紧急状况。但是请问，你为什么在非紧急状况下，还带着一把刀？"

生1："为了保护自己。"

生2："保护自己？谁要伤害你？为什么要伤害你？什么人要伤害你？有人威胁你吗？他们之中哪一个？"

生1："不，不是他们。"

生2："那是谁？说出来。"

生1："你。"

生2："怎么会？"

生1："你打我。"

生3：请问李××，谢克利船长当时是怎么想的？

李××：当时谢克利船长想的是既然你已经不站在我这边了，我就抓住你的每一个小细节，最后以这种方法把你杀死。这样的话，你既不属于我，也不属于水手那一边。

生 1：“你不坐吗？”

生 2：“你究竟打算怎么样？”

生 1：“你的审判举行了，够不够公平？”

生 2：“我没杀哈林先生。”

生 1：“那场审判够公平吧，陶小姐？”

生 2：“杀他的人是你。”

生 3：请问陶雪洛是怎么想的？王 ×× 请回答。

王 ××：陶雪洛认为谢克利是在谋害她，他想让其他水手认为她是杀人凶手，既然她已经不再支持谢克利，谢克利就要做出一点事嫁祸给她。

生 4：我觉得谢克利船长虽然能够用很快的时间到达目的地，但是他对待水手的方法不合理，他应该对水手好一点，要有赏有罚。所以我觉得谢克利船长有优点，也有缺点。因为每个人都是不完美的，所以我们要宽容别人的缺点，去发现别人的优点。

师：好，把掌声送给他们，特别棒。对于他们的汇报，大家有什么建议没有？

生：我给他们提的建议就是不要说几句就出一个问题，对话呈现要全面，再总结性提问和回答。

师：好，还有吗？我来提一下建议，一会儿再来汇报的同学要注意。第一,三段对话读完后再提问，不要一段一段地问。第二，怎么想的要综合起来说，不要一段话一个想法，要问总体上怎么想的。刚才是陶雪洛和谢克利船长的对话，还有两组对话。现在排除法用上了，下面一组不要再读谢克利船长和陶雪洛的对话了，再给你们三分钟。

（学生活动。）

生 1：先看第一段话。“我看着他，观察他，发现只在你当班的时候他才上来。一只眼管船上的大大小小，但另一只眼……”

生 2：“怎样？”

生 1:“他老是在观察你，他的眼中只有憎恨。”(看着老师)

师:(点点头）对，要读完三段对话，再让同学猜。

生 1：再看第二段话。“当时船长说不定会看见你呢！你为什么要上去？”

生 2:“与其待着等死，还不如上去，至少能帮得上忙。”

生 1：接下来是第三段话。“老查……哈林先生被谋杀了。”

生 2:“谋杀！什么时候的事？”

生 1:“暴风雨那时。”

生 2:“没人跟我说。”

生 1:“怎么会？”

生 3：请你猜一下这是谁和谁的对话？冯 ×× 请回答。

冯 ××：这是陶雪洛和老查的对话。

生 3：请你猜一猜陶雪洛是怎么想的？

冯 ××：她被别人以为谋杀了哈林先生，因为她本来就有理由去谋杀他，她也有凶器，就是那把匕首。其实她也正在猜测谁是凶手。因为她认为谢克利是不会去杀人的，所以她就开始怀疑老查，这一段就是为后面她怀疑老查做铺垫用的。

生 4：我觉得这艘船上的船员对陶雪洛还是非常关心的。他们会去提醒陶雪洛，让陶雪洛做好自己的事情，不要被谢克利船长抓到把柄。

师：好，谢谢这一组。下一组。

生 1:“好极了，小姐。我只是尽我的责任而已，我是受人之托。”

生 2:“没错，看在上帝的份儿上，让我下船！”

生 3：请问这是谁与谁的对话？王 ×× 请回答。

王 ××：陶雪洛与葛拉米。

生 3：错误。是陶雪洛跟巴罗先生的对话。

生 1:“我不在乎。”

生 2:“你也愿意接手船索上的工作？不论刮风下雨？”

生 3：这是谁与谁的对话？汪 ×× 请回答。

汪 ××：佛力跟陶雪洛的对话。

生 3：错误，程 ×× 请回答。

程 ××：水手和陶雪洛的对话。

生 3：哪个水手？

程 ××：应该是格林和陶雪洛的对话。

生 3：错误。艾 ×× 请回答。

艾 ××：是老查和陶雪洛的对话。

生 3：错误。是杜罕与陶雪洛的对话。

生 1："我从没想过去搜那儿。"

生 2："你搜过？"

生 1："当然啦。如果我们之前能搜出那把钥匙，还有那堆枪，我们早就能逮住他了。我可以向你担保，如今情况仍是如此。"

生 3：这是谁和谁的对话？赵 ×× 请回答。

赵 ××：陶雪洛跟老查的对话，在禁闭室里面，谈论要去把钥匙拿过来，持枪去杀船长。

生 3：对。

生 4：我感觉除了赵 ××，其他人都没有说为什么是这两个人的对话。我给你们最多打 75 分。

师：（对着台下学生）你们对第三组有什么建议？为什么你们总是回答错误？

生：我觉得他们出的题太偏了，就是根本不知道是谁与谁的对话，只能猜。

生：老师，之前说过三段对话尽量连在一起，他们中间还是断的。

生：还有，因为前两组中一组是陶雪洛跟谢克利船长的对话，另一组是陶雪洛跟水手的对话，所以第三组应该是陶雪洛跟父亲的对话，但是他们这一组没有这么选对话。

师：就是他们不按套路出牌，结果你们就被带进去了。还有别的吗？

生：他们出的题感觉是陶雪洛跟其他任何水手都可以进行的对话，所以具体是和哪个水手的对话就比较难猜了。

师：好。同学们，咱们刚才做了这样一组活动，让大家根据对话来猜。为什么有时候根据对话能猜出来，有时候猜不出来？

生：有些对话里面是有外貌描述以及性格描述的，这样就很容易猜出来他是谁。第三组不仅对话少，还没有描述，再加上语言的特征也少，任何人都可以说出这样的话，所以就不容易猜。

五、改写剧本，体验文字表达

师：有道理。好，现在我们进行第三个活动。你们知道什么叫剧本吗？

生：拍电影的时候，写着你应该怎么说话、怎么做动作的那种本子，就叫剧本。

师：咱们来看个例子（切换 PPT），这是剧本吗？（停顿）这是故事。（切换 PPT）这是剧本吗？（停顿）这是剧本的一部分，不是最核心的部分。看完这两个例子，你们有什么发现？

生：我发现剧本一般都是对话，能演出来。

师：剧本还有什么特点？

生：感觉剧本比故事编得更细一点。

师：细在哪里？

生：把人物的表情和人物的动作都写出来了，进而指导演员去做什么，比故事详细很多。

师：好，这就是剧本和故事的区别。现在任务来了（切换 PPT），大家看要求，谁知道第 4 条说的是什么意思？

改写剧本

1. 以小组为单位，对第二十一章“普罗维顿斯”中的一个部分进行改写。

2. 注意用语言表现人物的内心想法。

3. 在人物的台词前面加上适当的提示语。

4. 表演时长不超过三分钟。

生：就是让我们写好剧本后去表演。

生：意思是让我们写得不能太长，因为表演时间不能超过三分钟，要写短一点。

师：好，准备时间五分钟，开始。

（学生活动。）

师：好，同学们，放下笔。这个任务难在哪里？

生：我觉得难就难在要把每一个人物的动作细节、神情细节描写出来。

师：为什么写出它们来会比较难？

生：因为要把自己当成那个人物，去想象那个人物的心情，所以很难。

师：你们同意吗？（学生回答“同意”）是的，这也是对你们的一个挑战。实际上让四年级的学生写剧本还是具有一定困难的，因为你要去揣摩那个人物当时在想什么，他是在什么状态下说出来的话。（有两位同学举手）好，还有两位同学有想说的，是吗？

生：我想说剧本真正难的地方是你要把自己想象成剧中人物，你要想到他在想什么，你要想到他的动作、语言等细节，你要把整个场景全部写出来，这样才能写出一部非常好的剧本。

师：好，他说的是剧作家的剧本，不是小学生的剧本，我觉得他对自己提了很高的要求，很棒。

生：我想说的是，要想让读者一直想读下去的话，那你就要把剧本写得使读者身临其境，动作、细节、语言描写等都要写得很生动。

师：好，我想同学们经过这个活动，已经对剧本有所体验，要想写好剧本，还要面对很多困难。我想你们有信心挑战这些困难。咱们就把这个留做课下的作业，可以吗？回去以后按照你们对自己提的要求去写这个剧本。到时候让你们的李老师拍成照片发给我，我看看大家的水平。

六、总结阅读经验

师：好，下面请几位同学用一句话来总结一下这节课你们的收获。

生：我认为这节课我们学到了阅读的时候要仔细，不能只看一遍，要多看几遍，将里面每个人物的动作、细节、描写都看清楚。就像我们这节课猜人物的环节，看了很多却不知道究竟是谁。另外，这节课还让我们对剧本有了一些了解。

生：我觉得这节课表面上是让我们学习《女水手日记》，实际上是想让我们学习一种阅读的方法。

生：我觉得今天上的课让我收获到了，读书时，虽然已经读了好几遍，还是有可能不知道其内容。为什么？因为没有认真读，没有注意细节描写，读书要用心。

生：这次上课让我学习到很多知识，阅读书籍时要多读几次，并且要认真读每句话，了解每句话的含义和用意。

生：这节课让我们发现，关键不在于阅读了多少遍，而应该细读那些精炼的、精髓的地方。

生：其实我们读书往往只关注情节，但是书最好的部分就是人物描写，书中人物很多时，怎样用语言、动作等将不同人物的特点表现出来，是我们需要注意和学习的。

生：我觉得读书贵在读完了之后多思考，多摘抄。

生：我觉得有些人可能比别人多读很多遍，但是只读了情节，没有读出作者想让他明白的道理，甚至有时候还不如只读了一半，但是懂得其道理的那些人。

生：读书的精髓其实就是你要细心地读，明白其中的道理，那些道理就是书中最美的东西。

生：读一本书，哪怕只读了一遍，只要你认真地把人物描写都记下来了，就等于把这一本书中的精髓给记下来了。

生：上完这节课我觉得看书重要的不是你看了多少遍，重要的是你有没有认真地把它记下来。

生：如果你读了书，把它的道理都弄明白了，找到了书的精髓，那么你读这本书就是成功的。

师：好，谢谢以上发言的所有同学。我想看到的不是你们的自我批斗会，而是你们要有自我反思和自我改进的观念。学习永远不会停止，会有更高的要求。希望同学们在以后的阅读道路上，能够把自己锻炼得更好。

教后反思：

这节课上完以后，我被学生感动了，有几位同学发言时的状态感染了我，因为他们说话的时候，眼睛里有光芒，我知道是我抛出的挑战性任务点燃了他们的思维火花。最后让他们总结的时候，有 12 名同学走到台前发言，虽然他们没有按照我的意图，用一句话来总结他们的收获，但是，他们都能谈出自己的真实感受。我之所以强调“一句话”是希望他们从这节课学到精准地表达，把千言万语汇成一句话，显然这个要求对四年级的他们来说，有些高了。

这节课的猜人物与改写剧本的表层活动是挑战学生的思维，深层活动是让学生了解人物的描写方法，包括外貌描写、对话描写、心理描写。学生进入了我设置的挑战情境，在完成每一个任务的过程中，有体验，有感悟，有总结。每个部分都包括两个内容：一是活动，二是总结经验。这样分步进行，才有了最后总结阅读经验的时候，学生的争先恐后和滔滔不绝。

至今一年多过去了，学生们眼中的光芒还鼓励着我，让我不敢懈怠，上每一节课前都要考虑如何引导学生切己体察，获取他们最直接的阅读体验。

第三节
建构意义
——五年级《孔子》图画书讨论课教学实录

背景说明：

2016年5月11日，应北京教育学院陈莉博士邀请，我为北京市骨干班老师上课。执教地点为北京市五路居第一中学小学低部。

本节课的教学设计分为以下几个部分：

谈谈你了解的孔子；读图画书《孔子》节选；探究故事的构成要素；发现图画的秘密；研究图画书中的文字信息；改换研究角度——孔子与炸酱面。

本节课的目的在于培养学生建构意义的阅读能力，让学生学会通过故事、图画、文字信息建构意义，并了解孔子与“六艺”。把孔子与炸酱面联系起来，让学生在生活的细节中观照孔子，建立孔子与生活之间的关系，也在孔子圣人角色的基础上对其角色构建一种新的意义。

一、谈谈你了解的孔子

师：中国经历了很长的历史发展，其中有一个人对中国文化起到了非常重要的作用，你们知道是谁吗？

生：孔子。

师：为什么是孔子呢？他对你的哪方面起作用了？现在的人和孔子

有什么关系？

生：我们现在依然在读他的著作，比如《春秋》，还有他带着弟子一起搜集、整理的《诗经》。

师：她说得特别好。《诗经》是搜集和整理成的作品，其实《春秋》也是。那么，我们现在的什么思想和孔子有关系？

生：儒家思想。

师：儒家思想对我们的生活有很大影响，乃至对整个世界都有一定的影响。今天我要带着大家一起来了解一下孔子。（出示 PPT）这个人，就是孔子。这是唐代著名画家吴道子画的孔子肖像画。下面还有几张不同人画的孔子（切换 PPT）。你们看完这些画像有什么发现？

生：我看完这些画像之后，发现孔子的大部分画像都是拱着手的，就是表示很尊敬的意思，而且手放在前面这种姿态，让人感觉孔子特别和蔼可亲。

师：孔子的手是怎么放的？（学生纷纷在下面做孔子画像中的动作）对，为什么画家要这么画？

生：我觉得是为了体现孔子很有礼貌、讲孝道之类的，所以就把他塑造成了这样一个形象，他平常可能也常做这种姿势，所以就画出来了。

师：历代画家都抓住了孔子非常重要的思想，这就是“礼”的思想，然后画了他的画像。除此以外，你们还有什么发现吗？

生：他的胡子。

师：能代表什么呢？

生：代表很有学问。

生：有些画，孔子坐着，许多徒弟在附近，像在向孔子请教。

二、读图画书《孔子》节选

师：现在我们对孔子有了一个大概的认识。有一本书，书名就叫《孔子》。（切换 PPT）这本书是“故事中国”图画书里的一本，是画家李健编绘的。故事不能白听，听完以后咱们得完成任务。这是书的第一页（切换PPT），这个地图上面画的是什么呢？这里是孔林，这里是孔庙，这里是孔府。这都是和孔子有关的地方。故事开始了（连续切换PPT展示）：小明跌入了一个黑漆漆的隧道。翻滚了几圈以后，他来到了一个宁静的地方……故事结束了，你们现在知道什么叫"六艺"了吗？分别是——

生：礼、乐、射、御、书、数。

师：真不了起，你们直接就记住了，这就是图画书的作用。"六艺"的作用是什么呢？

生：其中有驾驭马车的能力，还有磨炼意志力的能力，还有……

生：我觉得其中提到的"礼"，可以让别人更好地认识你，觉得你很有礼貌。"数"不但可以让我们知道怎么算，还可以解决生活中一些小事，比如，花钱买菜之类的事情。"书"是写字，学会之后可以写书信，我觉得对生活是很有帮助的。

师："六艺"会对一个人的成长和生活起作用，对不对？对人的成长作用主要是对人的思想的培养，对人的生活作用主要是一些技能的培养。好，同学们很了不起。这里有一句话，你们来读一下，并说说你们有什么发现。（切换PPT）

生：小明做梦梦到了孔子，在梦里学会了很多知识。我是根据"醒来后，小明发现自己回到了凉亭"进行判断的。

生：我感觉到孔子的知识已经影响了我们生活的各个方面。小明在掉入了孔子的家里时，跟孔子学习了"六艺"，增长了见识，并在梦醒后告诉了自己的爸爸妈妈。

生：小明原来不知道"六艺"，现在想告诉他的爸爸妈妈"六艺"都指的是什么。

……

师：我觉得其中一个词特别重要，"小明发现自己回到了凉亭"，"回到"一词能告诉我们什么？

生："回到"一词告诉我们，小明曾经在凉亭，也可能是在做梦，梦到穿越到古代了，或者真的穿越到古代了。

师：好，你说“回到”一词提醒我们他应该先从这个地方出发，才能再回到这个地方。所以现在你们来判断一下，刚才出示的这个故事是完整的吗?

生：不是。

师：你觉得我刚才出示的这个故事不是完整的，那么，它前面有故事，还是后面有故事?

生：(争议）前面；后面；绝对后面……

三、探究故事的构成要素

师：噢，你们觉得它前面、后面都有故事，是吗?现在给你们三分钟时间，四人组成一个小组讨论一下：如果前面有故事，是什么故事?如果后面有故事，是什么故事?在纸上写出关键的词语。

(学生讨论，教师巡视、指点。)

师：谁觉得前面还有故事?到前面来讲一讲。

生：我们组讨论的结果是前面有故事，因为最后结尾的时候说“回到了凉亭”，所以，我们认为是在这一天发生了什么事，小明来到了凉亭，然后才会有后面的故事。我们构思了一下故事的过程：有一天小明在凉亭里玩儿，玩儿累了在凉亭休息时睡着了，然后发生了遇见孔子的那些故事，醒来后发现自己又回到了这个凉亭，最后准备告诉爸爸妈妈他学到的新知识。就我个人而言，我认为前面和后面都有故事。先说前面，有一天爸爸妈妈带小明去凉亭玩儿，小明自己玩儿时，发现有一个大坑，于是想去看个究竟，结果不小心跌进里面，就到了孔子的家里。后面的故事是他又回到了这个凉亭，他跟爸爸妈妈说了什么是“六艺”，爸爸妈妈夸奖了他。

生：我个人的想法和前面的同学差不多。周末小明和爸爸妈妈去凉亭玩耍，他玩着玩着突然被一个东西绊倒了，就栽进了一个黑黑的坑里，因为第一幅图里翻了好几个跟头才翻出那个洞，这是真实的，之后又说“回来了”，所以觉得是前面有故事。

师：好，再给你们组一点时间，剩下的两位同学，每人说一句。

生：我相信是在开头还有一段。在节假日，小明去找同学玩儿，玩儿着玩儿着也不知道是什么情况，也许凉亭那有一个门，他一不小心被绊倒了，掉进一个坑里，然后就发生了接下来的故事，最后又回到了现代。

生：我觉得前面有故事。小明在玩儿的时候不小心被一个东西绊倒了，接着昏倒了，他醒来之后发现自己在孔子的家里，就发生了之后的故事。

师：其他同学觉得他们构思的故事好不好？谁想来评价一下？

生：我觉得刚才他们组讲的有一点不合理。为什么凉亭的地上会突然出现一个大坑啊，或者出现一个绊脚的东西？

师：好，你说了故事的一个非常重要的因素，就是是否合理。

生：我想补充。第一，假如小明被绊倒后昏倒了，后面就不可能“醒来后，小明发现自己回到了凉亭”。第二，掉进坑里再经过图片上长长的隧道，小明很可能会晕倒，你可以说掉入洞里发现有一个东西帮助小明回到了古代。回来的时候可以说是仿佛做了一场梦，睡醒的时候发现自己还在凉亭里。

师：好，他还是说了合理性的问题。有谁还考虑了其他因素？

生：其实我觉得应该不是他们讲的那样。“发现自己回到了凉亭”，并没有说是意识回到了凉亭还是身体回到了凉亭。所以我觉得“小明发现自己回到了凉亭”可能还是在梦中吧！

师：好，她觉得这是个梦中梦。一个故事最吸引你们的地方是什么？什么样的故事你最爱读？

生：(纷纷作答）科幻的，有情节的……

师：对，要有情节，有变化，有地点的合理性、情节的合理性、人的合理性，对不对？刚才第一组的同学都构建了一个故事，但是某些方面还需要进行仔细推敲。下面我们来看看这本书完整的故事，看作者是怎么来构思这个故事的。

(PPT 展示，学生阅读。)

师：你们对这个故事满意吗？作者写的故事和你们想的一样吗？

生：不太一样。

师：不太一样，这就是作者和我们的思维不一样的地方。

四、发现图画的秘密

师：咱们来一个比较大的挑战，给你们五分钟时间，仔细地看这本书，看你们有什么发现，发现越奇妙越好。

（学生看书，教师巡视。）

师：你们都觉得自己有了伟大的发现，是吗？好，伟大的发现还得有伟大的解释。

生：我可以说他是怎么回来的。他来到这个凉亭以后拿了一颗黑色棋子，放在了棋盘上，然后他就穿越到孔子的家里了。最后，他趴在孔子的棋盘上睡觉，孔子也拿了一颗黑棋子放在上面，他就穿越回来了。

生：这本书中有好几幅图都画了棋盘。第一幅图就是小明摆放棋子的棋盘。那个棋盘的样子，感觉跟他刚到孔子家里时棋盘的样子一样，之后小明趴在棋盘上睡着了，棋盘上没有棋子，然后孔子把棋子放上去了，我觉得这可能是小明穿越回现代的原因。

师：好，也就是说图画书的好处是可以用图来讲故事，是吗？图画的变化给了我们很多的线索。同学们还有什么奇特的发现吗？

生：我觉得奇怪的地方是，小明的爸爸妈妈的位置发生了变化，小明拿棋子放在棋盘上的时候，他的爸爸妈妈在小木桥的右边，小明回来的时候，他的爸爸妈妈却在小木桥的左边。这一点我觉得特别奇怪。

生：我发现小明和爸爸妈妈刚来到孔子故里时，也就是第一页，用的是中国最传统的绘画方式——国画。

师：好，非常棒，她发现了这本书中的画是中国画风格，作者是用中国画的技法来画这个作品的。

生：小明把棋子放在棋盘上的时候，他的爸爸妈妈在聊天，然后翻到最后一页他穿越回来之后，他的爸爸妈妈好像都在招呼他回家，感觉穿越前后也是经历了时间的变化的。

生：我看到小明掉进洞里的时候，那个洞最上面是特别小的缝隙，都不够放下一个人的。后来洞慢慢变大，小明到孔子那里的时候就像山开了，小明从山洞中走出来一样。

……

五、研究图画书中的文字信息

师：你们有很多发现，其实，对这个故事研究得越多，对这本书看的次数越多，你就会有越多的发现，看任何一本书都是这样的。我们往下进行。(切换 PPT) 这里有一个拱门，其上有四个字，念什么?

生：(学生纷纷认真地念)“万仞宫墙”。

师：这四个字放在这里有用吗? 有什么用? 有人知道这四个字是什么意思吗? “宫墙”，你们理解的意思是什么?

生：是指宫殿的墙。

师：“仞”是什么意思?

生：刀。

师：不是刀。

生：兵器。

师：也不是兵器。不是“兵刃”的“刃”，“兵刃”的“刃”没有单人旁。我们来看一下这个“仞”，到底指的是什么? (切换 PPT)

明代学者胡缵宗为表达对孔子的尊敬和赞扬，亲书“万仞宫墙”石额镶于门上，其意出自《论语》子贡语。鲁大夫叔孙武叔曾经对大夫们说：“子贡的学问很深，比孔子还要强些。”子贡听说后就跟叔孙武叔说：“人的学问好比宫墙，我的这道墙不足肩头高，别人很容易看到里面有多少东西，我老师这道墙有好几仞高（仞：丈量单位，一仞约等于八尺），别人是看不到里面的东西的，只有找到门，走进去，才能看到这墙内雄伟的建筑，可找到门的人太少了！”

师：“仞”指的是什么？

生：孔子的学识很高。

师：对，他的弟子子贡还说他的学问和孔子相比，有很大差距。好，我们现在知道了，这个“万仞宫墙”在这里有没有用啊？

生：有用。

师：关于这个词，其实还有一个典故。乾隆皇帝为了显示他对孔子的敬仰，便把胡缵宗书写的石额换了下来，亲笔书写了“万仞宫墙”四个字镶于城门。孔子的学问很高，连皇上都很敬仰他。（切换 PPT）这里是孔庙，你们发现有什么字了吗？

生：（纷纷认真地念）“金声玉振”。

师：“金声玉振”是什么意思呢？

生：我猜测应该是把孔子的学问通过一些积极的渠道进行发扬光大。

师：你怎么一下子就联系到孔子的学问啦？

生：因为这里是孔庙。

师：因为这里是孔庙，还因为前边有“万仞宫墙”。我们来看一下，（切换 PPT）这是照片，这里有一个落款：“都察院右副都御史天水胡缵宗立并书”。（切换 PPT）“金声玉振”的意思是以钟发声，以磬收韵，奏乐从始至终。比喻音韵响亮、和谐。也比喻人——

生：知识渊博，才学精到。

师：那在这里比喻什么呢？

生：比喻人知识渊博，才学精到。

师：我们要看一个词的意思不能只看其表面意思，也要去看在不同的环境里是怎么使用的。（切换 PPT）这是我在天坛的神乐署里边拍到的四个字——

生：（齐声读）“玉振金声”。

师：你们发现什么了？

生：我发现“玉”和“金”换了位置，“振”和“声”换了位置。

师：对，非常伟大的发现，换位置以后有什么变化？意思变了没有？

生：应该没有。

师：刚才我已经说了，这个是挂在天坛的神乐署里边的。知道什么是神乐署吗？就是专门给皇家演奏音乐的一个部门。并且，这四个字就是前边提到的那位皇帝御笔亲题的。哪位皇帝？

生：乾隆皇帝。

师：乾隆亲题的。那么这里的“玉振金声”应该比喻的是音韵响亮、和谐。

师：可见中国文化能博大精深到实实在在的一个词、一个字上面。

六、改换研究角度——孔子与炸酱面

师：现在大家回到现实生活当中，你们都吃过炸酱面吗？我换一个问题，你觉得孔子吃过炸酱面吗？（切换 PPT）

炸酱面是中国汉族特色面食。最初起源于北京，为鲁菜。在传遍大江南北之后便被誉为“中国十大面条”之一，流行于北京、山东、河北、辽宁、吉林等北方地区，由菜码、炸酱拌面条而成。

师：孔子有没有可能吃过炸酱面？

生：有可能。

师：我们知道炸酱面主要是由面条和酱组成的，那么面条是由什么做的？

生：面。

师：面是由什么变来的？

生：小麦。

师：对。咱们要想知道孔子吃没吃过炸酱面，除了要知道他生活的地点以外，最重要的是要判断他那时候有没有小麦！有没有？

生：有。

师：你们觉得有。好，你们可以读一读这段话。（切换 PPT）

小麦属于禾本科，小麦族，小麦属。原产地在西亚和中亚，一般认为，北从土耳其斯坦通过新疆、蒙古，南经印度通过云南、四川传入我国。小麦传入中国的具体时间据有关文献记载应该是在秦汉时期。有的学者认为传入时间可上溯至周朝，种植的时间应该在四千年以前！

师：好，你们现在可以做出判断了吗？孔子有没有吃过炸酱面？

生：吃过。

师：吃过的依据是什么？

生：因为这段文字最后面说了，种植的时间应该在四千年以前。

生：因为刚才那个关于孔子的故事里面说了，小明是从两千四百多年后过来的，而小麦传入中国应该是在四千年以前，所以孔子肯定吃过。

师：好，还有吗？有没有信息说明孔子没吃过炸酱面？

生：我觉得孔子没吃过。

师：好，你来说。

生：因为小麦传入中国据文献记载是在秦汉时期，炸酱面又是汉菜，也就是汉族特色小吃，所以我认为孔子没吃过。

师：好，孔子生活的年代是两千四百多年以前，是春秋战国时期，而若小麦是秦汉时期传入中国的，孔子就吃不到炸酱面了。

师：其实有两种判断。第一种判断就是刚才同学们说的，如果小麦是四千年以前传入中国的，孔子就可能吃过。第二种判断是如果小麦在秦汉时期传入中国的，孔子就完全不可能吃过，因为在他那个年代还没有小麦，所以就没有面粉，也就没有炸酱面。所以我们去研究一件具体的事情的时候，一定要有充分的历史依据，不要以为我们吃过，孔子就一定吃过。最后，老师只给你们留一个作业：虽然孔子有很多伟大的思想，但是他也是一个平凡的人，我们还可以研究他的日常生活和他的思想之间的关系。伟大的人的背后也充满着生活的细节，孔子也是一个平常人，也有一颗平常心，就像林语堂说的，孔子自然是幽默的。所以希望你们以后能用一个正确的态度和合适的角度去研究孔子。最后，希望你们能有更多研究孔子的作品诞生。好，这节课就上到这儿。谢谢同学们，下课！

教后反思：

《孔子》是一本适合学生自己阅读，而不是特别适合教师带领学生阅读的图画书。因为故事浅显易懂，情节没有大的转折和矛盾冲突，图画书教学中常用的“猜测”策略，运用在这节课上并不十分恰当。根据这本书的结构，我把书分成了两部分，而先给学生呈现的是后半部分。当后半部分结束的时候，根据一个词，让学生猜想故事还有没有其他部分。

当我接到授课邀请的时候，认真看了这本书，并认真地思考：教师可以教什么？我想一定是学生自己看书时不注意的地方。我一直反对，在读整本书的教学中过于追索词句，不希望把读整本书的交流课变成语文课。但是，在这本书中，我还是首先发现了“万仞宫墙”和“金声玉振”这两个词，这两个词不妨碍学生了解故事内容，但是，理解了这两个词，能够让学生对孔子有更深的认识。

阅读是思考的过程，如果只是按照知识来教，学生的获得就比较少，读书的意义也就降低了。因此，我设计了“孔子是否吃过炸酱面”这个讨论话题，给学生提供一些资料让学生进行分析判断，让学生把阅读与实际生活联系在一起，打破他们的固有思维。这不仅把孔子还原成了日常生活中的人，也让学生在分析比较中，培养了研究的思维。很有趣的是，我那天上完课，学校的午餐就有炸酱面，相信学生对此会有更深的记忆，也会觉得更有趣。

圣坛上的孔子，学生是不容易亲近的。但当孔子被还原到生活中，放在学生的研究坐标上，学生就会产生兴趣，就会一直关注，以人育人的目标就真的有可能实现。

本章小结

要点提炼

1. 阅读时，我们要懂得提问题，也要懂得去思考。

2. 把阅读的重点放在书中的语言上，试图通过多个活动让学生感受到如何运用语言，才能精准地表情达意。

3. 猜人物与改写剧本的表层活动是挑战学生的思维，深层活动是让学生了解人物的描写方法，包括外貌描写、对话描写、心理描写。

4. 阅读是思考的过程，如果只是按照知识来教，学生的获得就比较少，读书的意义也就降低了。

阅读思考

一、你认为《亲爱的汉修先生》适合三年级的学生阅读吗？说说你的理由。

二、你发现这个年龄的学生在阅读讨论方面有什么特点？

三、你从《亲爱的汉修先生》这个案例中发现了哪些教学阅读的策略或者方法？

阅读行动

综合以上思考，请你进行一个新的教学设计。

《亲爱的汉修先生》________课型教学设计

一、课型设定

二、本书解读

三、教学设计

（一）教学目标

1.

2.

3.

（二）教学过程

1.

2.

3.

（三）教学工具

1.

2.

3.

第六章　指向阅读素养的读整本书教学

CHAPTER 6

本章导读

阅读素养是在具体的阅读情境中表现出来的能力。

三个案例分别指向：享受阅读的乐趣，提炼阅读经验，通过阅读学习。阅读本身不是目的，让学生通过阅读进行学习才是目的，阅读是认识世界的方式，丰富完善人本身才是目的。阅读的乐趣在于能阅读、会阅读，能够建构意义也能够发展自己。

本章的案例与前面三章不同，前面三章都是一节课一本书，而本章的案例是一节课 2～3 本书。这些书在阅读过程中的作用是什么呢？为什么要进行这样的选择？是书多了才能够培养阅读素养吗？这是教师应该思考的问题，也是教师扩展思维进行尝试的一种教学方法。

阅读经验、阅读能力、阅读素养，是一个人阅读的三个阶段，这三个阶段是不断交替上升的，经验提纯为能力，能力提升为素养。一个阅读者需要有意识地进行经验的提纯、能力的提升，这本身就是一种素养。

阅读策略呢？阅读策略是支持学生阅读经验、阅读能力和阅读素养的系统，是学生进行阅读的“操作要领”。

第一节
享受阅读的乐趣
——四年级“多学科整合阅读”讨论课教学实录

背景说明：

2017 年 4 月 19 日，应北京教育学院陈莉博士的邀请，我在北京大学附属小学石景山学校执教了“多学科整合阅读”的讨论课。这是为“多学科视域下图画书教学研究”这一研究项目做的一节课。

这节课是 2016 年年底的数学阅读课之后又一个比较大的挑战。陈博士说：“你数学图画书阅读课都上了，能不能上个多学科阅读课啊？”我就答应了。结果接下来的日子就是煎熬。去台湾学习期间，在林文宝教授的书库搜检了相关图书，也向孙莉莉博士请教了数学方面的书，还动员了新疆少儿出版社、蒲蒲兰绘本馆等出版界的朋友，看了萝卜探长关于数学阅读的讲稿……大家都向我推荐书，认为都可以讲。因为我还停留在数学阅读的思维里面，多数情况下问的都是数学阅读方面的。林文宝教授向我推荐了《数学诗》，孙莉莉博士向我推荐了《喜欢大的国王》，我自己找到了蒲蒲兰绘本馆寄给我的《了不起的测量员》。其中，《了不起的测量员》是我读过后有很多感想的一本书，一直都没有机会跟学生分享。

这次教学就以《喜欢大的国王》《了不起的测量员》和《数学诗》三本图画书为教学素材，引导学生进行思考、探究，最终获得发展。本来这节课是 60 分钟，结果我上了 80 分钟，两个课时。

本节课的教学设计分为以下几个部分：

交流读书经验；读《喜欢大的国王》；阅读讨论《了不起的测量员》；读《数学诗》；整合三本书，提升思维能力。

从设计的环节可以看出，每一部分的目的性不那么明显了，因为所有的目标都整合在了书的阅读中。

支撑这个教学设计的理念有两个：一是阅读是思考的过程；二是读别人的故事，想自己的人生。推进阅读的是三个问题：这本书中印象最深的地方是什么？这本书实际是想告诉读者什么？有什么启示？

一、交流读书经验

1. 读书收获

师：同学们好！

生：老师好！

师：你们平常都爱读书是不是？

生：（全体）是。

师：谁能告诉我，你们平常是怎么读书的？

生：（纷纷回答）看着字读；看着字和画一起读；图文结合；就读字；一页一页读……

师：那你们读书都有什么收获啊？

生：我通过读书懂得了一些知识，还懂得了一些道理。

师：知识和道理。

生：我读到了许多好句子和好词语。

师：这有利于你的写作。

生：（纷纷回答）会认识一些我以前不认识的字；可以娱乐；还能学到一些科学知识；还能学到一些我们不知道的名人名言……

师：总之，读书对大家都很有用。通过大家的发言，我知道读书可以识字，可以学到知识，可以懂得道理，可以积累好词好句，还可以娱乐。读书有那么多的好处，对吧！

2. 学生的读书经验

师：那你们有什么读书经验吗？可以和别人分享一下。

生：读书的时候要仔细地看。

生：要按顺序读，不能看一页就跳到后面。

生：不能只看图不看文字，或者不看图只看文字。

生：看一遍之后，过一阵子还可以重新看一遍，就会有不一样的体会。

师：好，我相信你们还有很多经验，有的是能说出来的，有的可能还没有总结好。总之，我们一定要注意积累经验，进行总结。

3. 教师的读书经验

师：今天我们上阅读课，你们都知道了吧？

生：(全体）知道了。

师：真的知道了？那我上什么阅读课呢？

生：绘本。

师：绘本，还有别的猜想吗？（课堂安静下来）没有了，好，今天上阅读课，但是到底是上什么阅读课，你们只有到最后才能知道。这节课开始以前，我先来分享我的阅读经验。(PPT 展示）大家一起读一读。

1. 阅读是思考的过程！
2. 读别人的故事，想自己的人生！

(学生朗读。)

师：这是我的经验。谁能说说是什么意思呀？

生：我认为第一句话的意思就是在阅读的过程中遇到一些问题要自己进行思考，所以阅读也是思考的过程。第二句话的意思就是读别人的故事的时候，联想到关于自己的一些事。

生：我认为第二句话也可以理解为读别人的故事，这个故事在书中人物身上发生过，也在自己的身上发生过。

生：我觉得“读书是思考的过程”就是一边读一边思考问题。

生：我觉得“读别人的故事，想自己的人生”就是想自己有没有干过类似的事情。

二、读《喜欢大的国王》

1. 看绘本，听故事

师：（切换 PPT）好，我们今天要学习的第一个故事是——

生：《喜欢大的国王》。

师：这里的“大”是什么意思？

生：就是这个国王喜欢大的东西，比如，面积大的东西。

师：你们觉得是这样吗？我们一起来看看。（切换 PPT）

从前，有一位非常非常喜欢大的国王。

这位国王特别喜欢大玩意儿，每天早上，他从比别人家屋顶还要高的床上醒来，先用游泳池一般大的脸盆洗脸，再用院子一般大的毛巾擦脸，他的每一天都这样开始。

厨房里挂钟敲响的声音实在太大了，第一次听到的人，总会吓一跳。其实这不过是告诉大家：开始为国王做早餐啦！

国王的早餐只是一个苹果，但准备起来非常麻烦。餐刀比锯子还大，叉子呢，粗得用两只手臂都抱不住。

国王很喜欢吃巧克力。一天，一块巨大的巧克力做好了，这块巧克力大到一百年也吃不完。国王在一个角上舔了一口：“嗯，真好吃。大小正合适。”他非常高兴。

从那以后，国王每天都吃巧克力，没过多久，他有了虫牙，整天哭着喊：“疼啊！疼啊！”

牙医带着工具跑了过来。

“我可不想用这么小的钳子来拔牙！”国王哭得更厉害了。真没办法，全国的铁匠被召集过来，一起做了一把超级大的钳子。

牙医指挥大臣们，先把国王捆在底座上，接着，大家扛起好大好大的钳子，拔掉了好小好小的虫牙。

真不容易啊，所有人都一身大汗。

国王下令把大钳子改成鸟笼。

做好的鸟笼太大了，小鸟们都从缝隙里飞走了。

国王很伤心，又“哇哇”大哭起来。

有一天，小鸟们被一只兀鹫追赶，逃进鸟笼躲避，结果，追来的兀鹫无法穿过缝隙。

“哦，还是这么大合适。”国王一下子又高兴起来。

国王想到了一个了不得的大主意！

他命令在院子里挖个好大好大的池塘，再用翻起来的土做个好大好大的花盆。

好多好多天后，池塘挖好了。又过了好多好多天，花盆也做好了。

国王在一只很大很大的钓钩上，系好一根很粗很粗的绳子和一个很大很大的浮漂，架在池塘上，钓了一个星期的鱼。

他想钓到一条像鲸鱼那么大的鱼。

大臣们拉过来一条特大的鲸鱼，好不容易才把钓钩挂到了鲸鱼的嘴巴上，他们终于松了一口气。

花盆呢，国王种了一颗郁金香的球根。每天早上，他都去看一看花盆。

他相信，球根种在这样很大很大的花盆里，一定会开出很大很大的郁金香，他每天都在期待和盼望。

师：国王盼望的事情会发生吗？

生：不会。

师：为什么？

生：因为郁金香不管种在什么地方，长出来都那么大。它不可能因为种在大的花盆里，就能长很大。

师：好。我们来看看是不是这个样子。“春天到了，那个很大很大的花盆里，开出了一朵很小很小的、可爱的郁金香。”故事就这样结束了，你们有什么想问的吗？

生：这个国王用那么大的花盆养了很小的一枝郁金香，会不会伤心呢？

生：国王看到那么大的花盆里开出那么小的郁金香，会不会“哇哇”大哭呢？

师：你们觉得呢？

生：会。

师：为什么会？你怎么推测出他会哭呢？是因为前面发生了什么？

生：他喜欢大的东西。

师：他喜欢大的东西，他每次愿望不能实现的时候都“哇哇”大哭，是不是？这是你的推测，其他同学还有别的想法吗？

生：我觉得国王可能会很生气地把它拔掉，然后种更大的植物。

生：我觉得他会把花盆再变大。

师：好，这是你们想象的故事结局。其实作家写到这里就没有再往下写了，但是我们可以根据故事前面的情节想象结局。有的同学推断出国王见了小小的郁金香后会哭，有的同学说他会种更大的东西，或者把花盆再进行改变，这是我们根据这本书的内容进行的合理猜想。

2. 设置问题情境，进行讨论

师：老师有两个问题，第一个问题是：国王拥有大的什么？每位同学要说出五个或更多。

生：国王有大的洗脸盆、大的床、大的毛巾，还有大的餐具、大的巧克力。

师：好，第二个同学也要说出五个或更多，你来。

生：我觉得国王有大的马车、大的牙膏、大的牙刷、大的牙杯、大的衣服、大的鞋子。

师：这些在这本书里面有吗？

生：没有。

师：那你是怎么想出来的？

生：国王喜欢大的东西，所以，所有的东西都会选大的。

师：所有的东西都会选大的，好，你很聪明，能想出书中没有的。

生：大的房子、大的碗、大的桌子、大的巧克力、大的……

师：只有大的巧克力是书中出现过的，其他的都是你自己想出来的。

生：大的鱼钩、大的挂钟、大的池塘、大的花盆、大的王冠。

师：大的王冠，这也是想象出来的，前面四个在书中已经出现了。这些是国王拥有的大的东西，有的是书中写到的，有的是你们想到的。那国王拥有小的什么？

生：国王有一株小的郁金香。

生：国王有小的眼睛、小的鼻子。

师：小的眼睛、小的鼻子，你怎么知道的？

生：就是国王的眼睛和鼻子不可能长那么大。

师：哦，这是你的推测。

生：国王有小的牙齿、小的脚、小的身体。

师：小的脚穿上大大的鞋子会怎么样？小小的身体，那他大大的衣服怎么办？这些问题一会儿请同学回答。

生：小的仆人。

师：嗯，小的仆人，那他那些大大的东西要怎么抬，怎么用？现在明显发现很多问题了，对不对？你们想出答案来了吗？

生：国王有小的脚和大的鞋，他可能就不走路，而让别人抬着他走。

师：那他到底穿不穿鞋？

生：他穿鞋，会把脚顶到最前面，然后后面塞满毛巾。

师：比方说他的脚这么大，他的鞋这么大（比画着），他要怎么顶到最前面，然后后面怎么垫毛巾？

生：那就前面垫毛巾。

师：哦，这是你们想象出来的解决方法，不错。好，咱们的讨论先到此结束，其实，我的意图就是想让你们通过比较，通过思考想一想国王有大的什么和小的什么。

3. 设置问题，深入讨论

师：下面我还有三个问题，需要你们回答。（切换 PPT）

第一，这本书中印象最深的地方是什么？

第二，这本书实际是想告诉读者什么？

第三，有什么启示？

师：你们可以自己思考一分钟，也可以同桌两个人小声地商量一下。

（全体讨论。）

师：好，讨论结束。我请三位同学来说说你们的答案。

生：这本书中我印象最深的地方是国王吃巧克力后有了虫牙，但是他不想用小的拔牙钳拔虫牙，然后令人给他做了个大的拔牙钳，但是这样一来拔牙的时候更费力气了。这本书可能是想告诉读者，生活中没必要去做一些那么大的不实用的东西，做事情要适度。这本书的启示，我觉得和这本书想告诉读者的差不多。

生：我印象最深的地方是他的洗脸盆有游泳池那么大。作者想告诉我们做什么东西、做什么事情要有个度，不要自己想干吗就干吗。这本书给我的启示就是我们在做事情的时候，不能老想着自己，要替别人着想。

生：令我印象最深的地方是他做了一个很大的鸟笼，然后鸟都跑了。这本书告诉我们不要改变东西的本质，它原来的样子就是最好的。这本书给我们的启示就是一定要替别人着想，不要为了自己方便给别人造成麻烦。

师：好，我们总结一下三位同学说的。他们谈到的印象最深的地方都是东西很大。第一位同学谈到了一个关键词——适度，第二位同学说要替别人着想，第三位同学说要重视事物的本质。好，这其实也是这本书给大家的一些启示。但是故事本身在讲什么？

生：大。

师：有没有小？

生：有。

师：也有。大小要是掌握不好的话，生活中就会有很多混乱，就会有很多麻烦。

三、阅读讨论《了不起的测量员》

1. 看绘本，听故事

师：下面我们要讲一个做事非常精确的人，他是——了不起的测量员。大家看到这本书的封面了吗？你们觉得这本书会讲什么？

生：这个测量员测量的时候很谨慎，工作很认真。

师：好，我们知道他是做测量工作的。我们往下看。(切换 PPT)

从前，有一个老人，叫马格努斯·马克西姆斯。他一个人住在镇上的一座老房子里，房子面朝大海，摇摇欲坠。他酷爱测量，可是不像别人那样测量平常的东西，比如腰围、脚长、小孩的身高，他更专注于测量不平常的事物。

他在房子里摆满了各种各样的钟表和天平、温度计和气压计、望远镜和潜望镜……还在鼻梢架了一副眼镜，这样他就可以精确地测量事物的湿与干、近与远，也可以测量不湿也不干、不近也不远的一切事物。

“马格努斯·马克西姆斯是个了不起的测量员。”人们交头接耳地说。

除了测量，马格努斯还酷爱计数。

可是他不像别人那样数平常的东西，比如钱包里的钱币、衣襟上的纽扣、蛋糕上的蜡烛、棒针上的针数，或者盒子里的巧克力。

他更专注于数不平常的事物，比如蓝天上的白云、天竺葵的花瓣、鼻子上的雀斑、肚皮上的疹子，或者小圆面包上的葡萄干。

每当马格努斯把东西测量好，并且数清楚，就把结果记在小纸片上，把小纸片像标签一样贴在这个东西上，比如树干、驴耳朵，或者随便什么被他测量过的东西上。“认出谁是谁，弄清什么是什么，明白事物的短长，真是太棒了！”他说。

“马格努斯·马克西姆斯是个了不起的测量师。”人们交口称赞。

有一天，一个巡回马戏团经过城镇。狮子从马戏团逃跑了，在大街上昂首阔步，鬃毛像旗子一样左摇右摆，尾巴像鞭子一样挥来舞去。人们慌得上蹿下跳，左奔右逃，吓得瑟瑟发抖，魂飞魄散。甚至有人惊声尖叫，直往路灯上爬。

师：先讲到这里，接下来会发生什么呢？

生：我觉得马格努斯会跑出来测量狮子有多少根毛。

生：我觉得他会跑出来测量狮子的鼻子有多长，眼睛有多大。

师：你们的依据是什么？

生：因为前面说到他跟别人测量的东西不一样，别人测一些平常的东西，他主要测量一些不平常的东西。

师：对于大家来说，狮子是不平常的东西。你们的想法是根据书中的内容推断出来的，是不是？好，下面我们来看看故事会怎么发展。(切换 PPT)

可是马格努斯朝狮子径直走去，步履坚定，手臂高举。“站住！”他厉声喊。接着，他打开包，拿出一把卷尺和一个听诊器，对狮子命令道：“我测量的时候，你给我坐下来，保持安静！”狮子被这大胆的举动惊呆了，乖乖坐了下来，任由他测量。

马格努斯量了量狮子的尾巴有多长，量了量狮子胡子有多长。

他还数了数狮子鬃毛里的跳蚤。就在他戴上听诊器准备数一数狮子的心跳时，驯兽员追过来，把狮子带走了。

马格努斯测量狮子的事迹不胫而走，传遍各城。人们把这事儿当作一个奇迹，为此打造了一座塑像，立在市政厅的外面。在盛大的揭幕仪式上，气球飞舞，彩带飘拂，鼓乐喧天，市长宣布马格努斯成为官方测量师，就连女王也亲自来剪彩，还发表了激动人心的演说。人们鼓掌欢呼：“马格努斯·马克西姆斯！真正了不起的测量大师！”

师：大家看到这个盛大的场面了吗？（切换 PPT）

生：嗯。

师：雕像在哪里呀？

生：就在那块布下面。

师：好，这个雕像都有谁呀？

生：有狮子，还有马格努斯。

师：也就是他测量狮子的那个镜头被定格下来，被做成了雕像。我们接着看。（切换 PPT）

从那以后，他就成了这座城镇的官方测量师，他不得不负责温度、湿度、长度、宽度等一切“度”的测量工作，甚至包括水母的摇摆“度”，和痒痒的痒痒“度”。

每逢周六上午，他都到城镇广场去举办一个“世界之最”测量大赛，那儿无奇不有，无“最”不测：从最耷拉的耳朵，到最恶臭的袜子。

师：这里在测什么？（切换 PPT 并指向一张图片）

生：耳朵的耷拉度。

师：对啊，看到这个仪器了吗？他在测耳朵的耷拉度。耷拉度也就是角度。他还测袜子的什么？

生：臭度。

师：大家看到这三个拿着袜子的人了吧？这个人有什么特点？（指向图中拿着袜子的男人）

生：带着鼻夹。

师：带着鼻夹呢！你的眼力真不错。好，大家看到这个小孩没有，在干吗？（指向图中的小孩）

生：捏着鼻子。

师：这个女人呢？（指向图中的女人）

生：用东西夹着袜子。

师：男人和小孩的袜子是手拿着的，她的袜子是夹着的。猜测一下，哪一个人的臭度更高啊？

生：那个女人的。

师：为什么？

生：因为她都不敢用手拿着袜子。

师：不敢拿了，离得越远越好。好，一个好玩儿的测量师，做了一项好玩儿的工作。我们接着看。（切换 PPT）

渐渐地，除了测量，马格努斯忘记了一切别的事儿。当他出去散步时，只顾着数经过的房子，却再也看不见黄蝴蝶在草地上为他起舞；只顾着数人行道上的裂缝，却再也听不到黑八哥在榆荫下为他歌唱。

当他去参加朋友的宴会时，只顾着数炖汤里的豌豆，却再也看不见朋友们眼睛中的笑；只顾着数馅饼里的樱桃，却再也听不到朋友们声音中的泪。

师：你们觉得故事到这儿，下面会怎么发展？

生：我觉得到了最后就没有人再跟他玩儿了，也没有人喜欢他了，他就会很孤独，因为他忘记了友情，只顾工作了。

生：我觉得他一生都沉浸在测量中，碰到什么东西他就开始测量，然后别人就会嫌弃他。

师：别人嫌弃他，是吗？好，我们看故事如何往下发展。（切换 PPT）

每晚睡觉前，马格努斯总是要数浴盆里的气泡、牙刷上的刷毛，或者睡衣上的条纹，数了好长一段时间，直到数睡着，总是来不及祷告和感恩。

一天早上，马格努斯站在厨房，数渔网上的网眼，数了一阵子后，他想要揉一揉眼睛，就摘下了眼镜，把眼镜放在身后的桌子上。不料他的猫跳上桌子，把眼镜碰到了地上。“我的眼镜去哪儿了？”他一边抱怨，一边向后挪了一小步。“噼啪！咔嚓！”他听到了眼镜在脚下碎裂的声音。“天哪！”他长叹了一声，“这下我非得去镇上买副新的了。”

诊所的眼科医生告诉他："很抱歉，马克西姆斯先生，您的眼镜今天配不好，请您明天上午再来。"

"天哪！那我今天能做什么呢？"马格努斯咕哝道，"今天我不能测量任何东西了。也许我只能一直走到海边，去数一数波浪。"

于是他漫步到了海岸边，坐在一块礁石上，准备开始数翻滚的波浪。就在这时，他觉得袖子被什么扯住了，回头一看，是一个小男孩伸出的手。

师：猜一猜接下来会发生什么？

生：这个小男孩会给他一副眼镜。

师：给他一副眼镜，让他接着数是吗？

生：我觉得小男孩来了以后他就不再数了，会跟小男孩聊天。

师：嗯，好，继续看。(切换 PPT)

马格努斯马上把手伸进口袋，掏出卷尺，可随即想起了糟心事儿，又是皱眉，又是摇头，说："唉，真不好意思！我的眼镜坏了，我没法儿测量你的手了！"

"我可没想让你来测量我的手，马克西姆斯先生。"这个叫迈克的小男孩说。

"哦？"马格努斯挠了挠头，问，"那你想让我拿你的手怎么办？"

"哎呀，抓住我的手，这样就可以了。"迈克说，"我想让你和我一起来玩踩水。"

马格努斯飞快地眨了三下眼，然后长长地叹了一口气，有点像风的感慨，又有点像海的叹息。"我懂了。"他微笑着说，伸出手去，拉住了迈克的手。

他们一起走到大海边，脱去鞋子，脱去袜子，手拉着手，踩起水来。冰凉的波浪轻轻咬着他们的脚趾，他们兴奋地尖声叫嚷，还高唱起一支傻傻的歌。

他们堆建了一座沙堡，有四个塔楼，还挖了一条护城河。马格努斯还用带红色小圆点的手帕做了一面旗子。天快要黑下来的时候，他才和迈克挥手告别，动身回家，一路上他都吹着快活的吉格舞曲口哨。

那天晚上，马格努斯忘了数气泡、刷毛、条纹，还有其他的一切，他入睡的时候，却还惦记着“最”高的白色浪尖儿和手拉着手的亲密“度”。

第二天一大早，马格努斯赶忙去镇上取自己的新眼镜。一回到家，就赶忙测东量西，跟以前一个样儿。

师：你们觉得故事到这里结束了吗？

生：没有。

师：如果没有，下面会发生什么？给你们30秒时间讨论一下。

（学生讨论。）

生：我觉得他会通过测量帮助别人。

师：理由是什么？

生：因为这个小男孩改变了他。

师：好，这是你的想法。

生：他在海边的时候想数波浪，小男孩来找他玩，如果是这样的话，小男孩起到了承上启下的作用。

师：承上启下的作用。好，我们来看大家预测得准不准。（切换PPT）

不过到了傍晚，当厅堂里的座钟响了六下时，他收起了各种各样的钟表和天平、温度计和气压计、望远镜和潜望镜……把它们存放好，还摘下了架在鼻梢的眼镜，把它放进了口袋里。

他沏了一壶茶，备了一碟沙丁鱼三明治，在屋外的花园里坐了下来。然后呢，马格努斯·马克西姆斯，这位最了不起的测量大师，给自己低声哼唱起一支摇篮曲。此时，夕阳西落，新月东升，群星在无垠的夜空悄悄眨着眼睛。

2. 交流读书感受

师：故事到这儿就结束了。你们有什么想问的吗?

生：他已经不测量东西了吗?

生：他还会去找小男孩吗?

师：好，这是你们心中的一些想法。那我问你们，马格努斯哪个样子更可爱呢?（指着 PPT 中的两张图）

生：我觉得是第二个样子更可爱。因为他以前只顾着测量，根本没注意到身边美好的事物。

师：有不同意见吗?

生：我觉得第一个样子更可爱，因为感觉非常认真，第二个样子则是比较放松的状态，所以我感觉第一个样子更可爱。

师：第一个样子很可爱是吧，就像我们现在一样，在认真地学习、思考、讨论。我觉得你们每一个人都很可爱。(学生笑)

生：我觉得两个样子都是比较可爱的。第一幅图中他在工作，他工作时很认真，我就觉得他很可爱。第二幅图中他选择歇一歇享受生活，否则只顾测量工作可能会疏远自己的朋友或者家人，所以他很可爱。

师：好，工作与生活。

3. 结合问题，深入讨论

师：(切换 PPT）好，刚刚的三个问题又来了，你们先讨论一分钟，开始！（一分钟后）好，谁来说说?

生：我印象最深的是他跟小男孩在海边玩。这本书告诉读者做一件事情不能太专心了，偶尔也要放松一下自己的身心。给我们的启示就是做事情一定要兼顾一下别人，不能光顾着自己。

生：我印象最深的地方就是他和小男孩唱了一支傻傻的歌。这本书告诉我们做什么事情都不能走火入魔，要适度，要劳逸结合。

师：好，大家听出来他的关键词了吗?

生：适度。

师：有两个，第一个词是适度，第二个词是劳逸结合。“劳”和“逸”其实也需要——

生：适度。

师：劳动要适度，休息也要适度。好像这个故事比前面那个故事少了好几个答案，是吗？结果比较统一，就是“适度”。

四、读《数学诗》

师：下面还有一本书，同学预测一下这本书会讲什么呢？

生：我觉得是讲一个人很悠闲。

师：你的依据是什么？

生：因为第二个故事讲的是认真。所以下面就该讲悠闲了。

1. 体验不一样的诗

师：好，每个人肯定有你们的期待和想法。我们一起来看看下一本书。（切换 PPT 展示《数学诗》的封面）

师：同学们觉得什么是数学诗？

生：我觉得就是用数学作的诗。

生：我觉得是数学老师。

师：数学老师呀，这个“诗”是诗歌的“诗”。好，大家看这里（指向 PPT 中的图片）。是不是数学里老是出现什么加什么，什么减什么，什么乘什么，什么除什么，然后等于什么？这里则是“文字 + 数学 + 季节 = 数学诗”。想欣赏一下吗？

生：想。

师：（切换 PPT）清新的空气 + 长长的影子 + 猫儿的一身厚毛 = 秋天的信号。谁来讲讲，什么意思？

生：看到小孩的影子、猫的毛，以及树林里的场景，就感觉秋天来了。

生：我认为把文字用加号和等号连起来，就是数学。然后，文字描绘的几个东西加起来就表示一个季节。这就是数学诗。

师：用数学符号连起来的诗就是数学诗。（切换 PPT）鸟窝 − 鸟儿 = 只剩绳头、羽毛、嫩枝、树叶。右边这张图，松鼠加什么等于冬天的食粮？

生：松果。

师：（不断切换PPT）树洞+核桃−核桃=松鼠藏宝寻宝游戏，果园÷篮子=成熟的苹果，苹果+虫子=许多甜甜的隧道，南瓜田×阳光=一大片一大片的金黄，南瓜−籽儿+脸=万圣节的南瓜灯，$\frac{1}{2}$冰柱=冰，寒冷的空气÷喘气=小云雾，许多六角形×冰冻的花边=一阵大雪，结冰的水塘+雪鞋=喀嚓有声的破裂，雪球+雪球+雪球=雪人。

师：（切换PPT）这个就难了，我看了好多天都没看懂，这是什么意思？

×	寒冷	出太阳
下雪	下雪	满地雪泥
下雨	下冰雹	出现彩虹
窗户	结霜	出现太阳光束

生：我认为是，寒冷×下雪=下雪，下雪×下雨=下冰雹，下冰雹×窗户=结霜……

师：你们觉得她说得对吗？

生：不对。

师：那，谁觉得自己说得对，到前面来说。

生：（上台）我觉得是，寒冷×下雪=下雪，出太阳×下雪×下雪=满地雪泥，寒冷×下雪=下冰雹，出太阳×下雨×下冰雹=出现彩虹……

师：大家明显有分歧了，好，现在大家跟同桌讨论一下，讨论完再来说一说。

（学生讨论。）

师：好，谁来讲一讲？

生：寒冷×下雪=下雪，寒冷×下雨=下冰雹，寒冷×窗户=结霜，出太阳×下雪=满地雪泥，出太阳×下雨=出现彩虹，出太阳×

窗户 = 出现太阳光束。

师：你们同意吗？

生：同意。

师：这下都同意了，其实这种说法是正确的，这就是一首数学诗，稍微有点难。（切换 PPT）接下来是打喷嚏 ×3= 冬天吸鼻涕，线 + 缝针 + 三角形 + 正方形 = 冬天细心缝制的羽毛被。前面我们讲了几个季节了？

生：两个。

师：第一个季节是？

生：秋天。

师：现在是？

生：冬天。

师：下面应该是？

生：春天。

师：（切换 PPT）$\frac{1}{2}$ = 嘀嗒 ÷ 滴滴答答，蝌蚪 = $\frac{2}{3}$青蛙，猫 + 叶子 + 枝条 − 喵喵叫 = 猫柳。猫柳是什么？是猫吗？

生：不是。

师：是什么？是柳树的一种。（不断切换 PPT）咽咽 + 咽咽 + 咽咽 + 呜哩哗 = 一群癞蛤蟆，雨滴 × 莲叶 = 绿盘上的珍珠，水塘 ÷ 水滴 = 许多涟漪，吊床 + 树荫 + 柠檬水 = 美好的懒散夏天，闪电 = $\frac{2}{3}$三角形 + $\frac{2}{3}$三角形 + $\frac{2}{3}$三角形，打雷 + 闪电 + 风 + 温暖的雨水 = 夏天的骤雨，夏末 × 清凉空气 = 秋天第一阵清风。过了哪几个季节了啊？

生：秋天、冬天、春天和夏天。

师：你们现在知道什么是数学诗了吗？

生：知道了。

师：好，有什么问题吗？没有的话，我的问题来了（切换 PPT），这本书当中的“+”“−”“×”“÷”分别是什么意思？

生：我认为是春、夏、秋、冬。

师：“+”“−”“×”“÷”就是春、夏、秋、冬，这也有点太简单了吧！

生：“+”是一样东西和另一样东西；“−”是一样东西去掉了另一样东西；“×”是一样东西遇到了另一样东西；“÷”就是一样东西分成几样东西。

生：“+”是一个物品加一个物品等于另一个物品；“−”是一个自然现象减去一个自然现象等于另一个自然现象；“×”是一个东西或一个季节乘很多小的东西形成一种新的东西；“÷”是把一个东西分成几份儿，然后……

师：前面有一个数学诗是果园÷果篮=成熟的苹果，这里的“÷”是什么意思呀？

生：分配。

师：分配，你们觉得这位同学说的是不是很有道理？果园把什么分配到什么里边儿得到什么？果园分配到果篮里的是——

生：苹果。

师：一个果篮能盛下整个果园吗？

生：不能！

师：得需要很多很多的果篮，所以，作者写得很有道理。书中的“+”“−”“×”“÷”和你们数学中的加减乘除是一个道理，所以这本书你们拿到之后还可以再去细读，你会发现更多的道理。

2. 设置问题情境，深入交流

师：现在之前的三个问题又来啦。讨论30秒，开始。

（学生讨论。）

生：我印象最深的就是冬天天气的变化。这本书想告诉我们，生活中很多事物组合会发生一些神奇的变化，还有很多有趣的地方。启示和这个差不多。

生：我印象最深的也是那个表格。这个故事告诉我们什么东西都有它的道理，我们要善于发现其奥秘。

师：好，请坐，看来我得反思下自己，第二个问题和第三个问题似乎重了，我之后会改进。

五、整合三本书，提升思维能力

师：现在最难的问题来了。你们是想下课还是想继续？

生：继续！（学生笑）

师：这可是你们说的啊。（切换 PPT）这些都有答案了吗？第一本书《喜欢大的国王》等于——

生：大与小。

师：第二本书《了不起的测量员》等于——

生：工作与生活。

师：第三本书《数学诗》等于——

生：数学与文字。

师：好，我这里有四道题（切换 PPT），先不急着回答，我们先来看一看——

1. 第一本书 + 第二本书 =?
2. 第一本书 + 第三本书 =?
3. 第二本书 + 第三本书 =?

师：你们知道第四道题是什么吗？

生：第一书 + 第二本书 + 第三本书 =?

师：太厉害了！（切换 PPT）好，现在就在你们的纸上写下答案。时间是两分钟，开始！你们完全可以用你们刚才学到的那种方式来加减。可以加也可以减，可以乘也可以除，老师只是列的加。

4. 第一本书 + 第二本书 + 第三本书 =?

（学生做题。）

师：谁想来说一下你的答案？

生 1：我的第一个答案是大工作与小生活，第二个答案是大数学与小文字，第三个答案是数学工作与文字生活，第四个答案是大数学工作与小文字生活。

师：好，咱们作为评委可以对他们任何一个人做出评价。有问题可以写在纸上，一会儿对他们进行提问。第二位。

生 2：我的第一个答案是大量的工作与少量的放松代表了生活，第二个答案是大量的数字规律与少量的文字结合起来，第三个答案是做数学工作与文字生活……

生 3：我的第一个答案是大的工作加小的生活，第二个答案是大的数学加小的文字，第三个答案是工作中的数学加生活中的文字，第四个答案是大的工作中的数学加小的生活中的文字。

生 4：我的第一个答案是大工作与小生活，第二个答案是大数字与小文字，第三个答案是数学工作与文字生活，第四个答案是大的数学工作与小的生活文字。

师：好，你们两个的答案差不多是吧？下一位同学。

生 5：我的第一个答案是奇怪的事情，第二个答案是奇怪的季节……

师：好，现在想提问的可以提问了。你们可以点名提问，只有三次机会啊。

生：（提问生 5）我问一下，就是那个奇怪的事情，你是怎么想出来的？

生 5：我就是觉得国王很奇怪，他自己是那么小的一个人，却特别喜欢大的东西。然后，了不起的测量员也非常奇怪，他不跟别人一样测量一些正常的东西。

师：好，第二位。

生：（提问生 1）你提到了文字生活，那文字生活是什么呢？

生 1：文字生活就是，我们生活中大部分情况下是要用到文字的，所以我觉得生活中的文字是很了不起的。

生：还是不太明白。

生 1：就是生活中我们不可缺少的一项是文字，因为如果缺少了文字，我们与人交流时就比较费劲，所以我觉得文字是比较重要的。

师：好，还有一次提问机会啊。

生：（提问生4）你刚才提到的大工作和小生活是指什么？

生4：比如说工作的时间比较长，生活的时间比较少。

生：那提到的数学工作和文字生活，我就有一点不明白是什么意思了。

生4：就是工作中有时候我们需要数学，生活中有时候需要文字。

生1：数学工作就比如说数学老师教我们数学，或者一些工作岗位中需要数学的情况，所以指的是数学在工作中是必不可缺的。

生4：你提问的大工作与小生活，我觉得小生活指的是生活中放松休息的时间少，比如测量员在睡觉前还在数睡衣上的条纹，他整天都在测量，所以他放松的时间比较少，这就是大工作与小生活。

……

师：好，先讨论到这里。其实还可以是其他不同的答案，因为每个人都有不同的理解。不同的阶段、不同的年龄来读这本书会有不同的感悟。今天我们一起读完这三本书以后，你一定记住了很多新知识，印象深刻的有很多，生活启示也有很多。但我们要记住的是，这只是一个阅读的过程，我们要通过这个阅读的过程来积累经验。一本书不是封闭的，是开放的，它可以和其他的书结合在一起，共同促使我们思考。今天我们把三本书放在一起来读，是不是有跟原来不一样的收获啊？

生：是。

师：我相信你们会带着更多的问题和更多的思考离开这个课堂。这节课就上到这儿，谢谢同学们，下课！

教后反思：

多学科视域下的阅读，一定是整合的阅读。拿到这三本书后，我实在找不到整合点，所以我就想到了要整合到学生身上，于是，我找了一种朦胧的整合——人生思考和人生表达。我认为这两点是人一生的核心素养。所以，整节课我都在引导学生思考和表达。

学生课前都没有读过这三本书。出于好奇，他们觉得这节课很好玩，能够积极参与并体验阅读的过程，而且学生的思维也被调动了起来，他们也愿意分享自己的阅读体验。当《数学诗》这本书出来的时候，学生的思维投入更多了，因为每一个部分都需要他们去解读。当冬天天气的变化的乘法算式出现的时候，学生碰到了问题，于是，让他们相互讨论，最后终于有一位学生能说清楚了。但是，可能仍然有学生不明白。作家用这样的方式来表达，读者却没有看懂，这是思维与表达的不统一。学生接受这样的表达方式需要一个过程。我尽量地延伸了这个过程，让学生去适应，去理解，并试着用自己已有的方式进行表达。

三本书整合解释的环节，没有达到我预想的效果。因为前面对每一本书都做了思考，我希望的是通过两本书的分步整合，学生能提取出两本书的共同点，分别找出来以后，再找到三本书的共同点。显然，学生还是没有跳出内容，只在内容上进行了整合，没有抽取其意义。当然，也有两个组的学生用类似绕口令的表达，把他们的理解说出来了，对四年级的学生而言，也是难能可贵的。

这节课，我没有太多的预设，只是希望给学生三个问题作为思考的结构，帮他们跳出书的内容进行思考。学生在阅读过程中，多次质疑，觉得后面两个问题是重复的，不能很好地回答。其实，我在设计的时候，是想将这三个问题作为三个角度：第一个是故事角度；第二个是作者角度；第三个是读者角度。四年级的学生可能不能一下看明白，我也就没有强求学生朝着这几个方向去回答。

我希望学生以后的阅读能弱化学科意识，真正去思考一本书究竟能带给自己什么。其实，所有的阅读不都是这样的吗？只是学校的学科教学为阅读设置了很多壁垒而已！

多学科视域，就是要多学科分化与整合，可以分化，但是必须整合。

第二节

提炼阅读经验

——五年级“汉字的故事”图画书群书讨论课教学实录

背景说明：

2018 年 7 月 18 日，我在内蒙古呼和浩特市执教了“汉字的故事”图画书群书阅读课。“汉字的故事”不是一本书的名字，是我选了三本跟汉字有关的故事书所确定的教学主题。

我想把阅读和传统文化结合在一起。想来想去，觉得从汉字入手，可能会比较适合小学生：一是汉字是语文学习的重要内容；二是汉字是中国传统文化的符号表达；三是汉字是可以看得见、写得出的，教学能够有所依凭。

因为是借班上课，让学生提前阅读会有一定的困难，所以就想到了图画书。但是，给五年级的学生上图画书，一本显然是不够的，也不符合我多年研究语文整体教学的思路。

于是，就向不同出版社的朋友求助，找到了三本书——《仓颉造字》《你会写字吗？》《三十六个字》。三本书的电子稿，我反复看了，觉得难度都不大，基本是给低年段的学生看的。

怎么才能符合五年级学生的年龄特点呢？我就想到了过去用过的方法：把这些书组合在一起，然后用相同的结构推进，让学生获得阅读经验。因为我比较重视可视化作业的呈现，就加进了体验写故事的部分。

本节课的教学设计分为以下几个部分：

导入：阅读经验分享；阅读开启：读《你会写字吗？》，回答问题；阅读深入：读《仓颉造字》，回答问题；认汉字，体验写故事；阅读深入：读《三十六个字》，对比思考；整合思考，积累经验。

一、导入：阅读经验分享

师：语文学习离不开一种活动，就是读书。你们平常都读书吗？

生：读。

师：谁来告诉我，你们都读过什么书？

生：（纷纷回答）我读过《最后一头战象》《小王子》《让梦想照进现实》《会飞的教室》《导盲犬迪克》……

师：你有什么样的读书经验呢？你觉得怎么读书能读得好？

生：我觉得一本书要反复地读，体会作者为什么要写这本书。反复读完之后还要写下感受。

师：非常好，他说了两个很重要的经验——反复读，写感受。还有吗？

生：我觉得还要画出好词好句，不理解的词要查意思。

师：好，他自己去解决不理解的问题。

生：我觉得还要走进人物的内心，这样的话才可以更深入地理解他的感情，更深入地理解文章。

师：走进人物的内心去理解。大家已经说了四条经验了，其实很多同学都有自己的读书经验，我们到了五年级，已经会积累自己的读书经验了。今天也是一节阅读课，你们知道要读什么吗？

生：不知道。

师：（PPT 展示）这里画了一个大大的问号，你们能猜一下要读什么吗？（停顿）没有想说的，是吗？那我们就来看看。（切换 PPT）这是老师的两条阅读经验，跟大家分享。第一条是阅读是思考过程，第二条是读别人的故事，创造自己的故事。谁来说说老师的读书经验是什么意思？

生：我觉得老师的读书经验就是读完别人的故事，可以试着模仿别人的故事，创造自己的故事。

师：他说的是我的第二条读书经验。

生：我觉得老师的读书经验就是读完别人写的故事之后，汲取里面的精华，创造自己的故事。

师：非常好，两个同学都说了我的第二条读书经验。第一条读书经验是阅读是思考的过程，有没有同学能够理解？一会儿随着读书看你们能不能理解，可以吗？

生：可以。

二、阅读开启：读《你会写字吗？》，回答问题

师：好，我们现在就要开始读书了。读的是什么书呢？（切换PPT）读这样一本书——《你会写字吗？》，你们会写字吗？

生：会。

1. 读故事，猜发展

师：咱们来看看书中写了一个什么样的故事。（切换 PPT）看这张图，你们能不能猜出这本书当中讲了什么？

生：我觉得可能是两只蚂蚁在讨论写字的故事。

师：你是根据什么猜的？

生：是根据图片猜的。

师：图上都有什么？

生：有两只蚂蚁，还有一张凳子、几本书、一张桌子和一个书包。

师：他猜的有没有依据？有，他是根据上面的图来猜的。好，下面我们来看这个故事——《你会写字吗？》。（切换 PPT）

小珍珠在院子里写作业，一面写，一面抱怨："为什么要学写字呢？手酸死了！"

才写了三行字，小珍珠的脑袋开始走神了。

她一发呆呀，很多怪事就一幕一幕地出现了。

突然，一只蚂蚁张牙舞爪地叫她：“嗨！拜托你把那片叶子捡给我，谢谢！”

小珍珠吓了一大跳：“你……你是谁？”

“我是切叶蚁先生，你没见过吗？”小珍珠摇摇头，然后，捡起地上的叶子交给他。

师：你们觉得切叶蚁要拿叶子干什么？

生：吃。

师：好。（切换 PPT）

切叶蚁先生拿着叶子，“咔嚓、咔嚓、咔嚓”咬了三个洞：“这是我写的信，请你帮忙送去给对面的毛毛虫小姐。”

小珍珠仔细地看了看叶子，她问：“这三个洞是什么字啊？”切叶蚁先生说：“毛毛虫小姐一看就知道了！你送去就行！”

好奇的小珍珠三步并作两步地去送信。

她到了大树下，抬头一看，毛毛虫小姐正在闭目养神呢！

小珍珠说：“嗨！有你的信喔！”

毛毛虫小姐懒洋洋地睁开了眼睛：“咦？邮差今天怎么换人了？风呢？”

小珍珠说：“风已经走了，这封信是切叶蚁先生请我送来的。”

毛毛虫小姐接过叶子，看了看正面，又看了看反面：“三个洞？这是什么意思？”

小珍珠回答：“切叶蚁先生说你一看就知道了！”

“哼！我懂了！早上他跟我吵架，一直说‘讨厌你’，这三个洞一定是‘讨厌你’！”

小珍珠说：“不会吧！也许他想要跟你和好，这三个洞应该是‘对不起’。”

师：你们觉得三个洞是哪个意思？

生：对不起。

师：你们觉得是对不起。我们接着看。（切换 PPT）

“哼！他会说对不起才怪呢！我也要写一封信给他。”

毛毛虫小姐选了一片叶子，气呼呼地开始写信，她在叶子上狠狠地咬了四个洞。

毛毛虫小姐把叶子交给小珍珠，说：“拜托你把这封信拿给他，谢谢！”

小珍珠接过叶子，看一看正面，又看一看反面：“四个洞？这是什么意思？”

毛毛虫小姐说：“他对我说‘讨厌你’，我只好回他‘你最讨厌’。四个字，四个洞，没有错！”

小珍珠把信交给了切叶蚁先生。没想到，他哇啦哇啦地大叫：“真可恶，我写信跟毛毛虫小姐说‘我错了’！她居然骂我‘大坏蛋！’”

小珍珠说：“不对不对，‘大坏蛋’是三个字，可是这叶子上有四个洞耶！”

师：对，这是个问题，大家看到这片叶子了吗？（指向图片）

生：看到了。

师：为什么切叶蚁先生觉得是三个字呢？从哪看这是三个字呢？谁有想法？

生：我觉得前三个洞是“大坏蛋”，后面那个是感叹号。

师：我们接着看。（切换 PPT）

切叶蚁先生说：“你没有学过标点符号吗？最后那个洞是‘感叹号’。好了！你走吧！我很烦，不想看到你了。”

“哼！是你们不会写字，才会互相误会，我也不想看到你了。”

小珍珠说完，就回去写作业了！

2. 同桌讨论，回答问题

师：这本书就这样结束了，现在来思考两个问题。（切换PPT）这个故事讲的是什么？作者通过这个故事，想告诉读者什么？给你们一分钟时间跟同桌讨论一下。

（学生讨论。）

师：好，时间到，哪位同学来说一下你们的答案？

生：这个故事讲的是有一个小朋友，她在写字，但是因为她写字写得手很酸，所以就不想写了。她碰见了两只虫子，一只是切叶蚁先生，一只是毛毛虫小姐。切叶蚁先生写的是"我错了"这三个字，但是毛毛虫小姐却以为切叶蚁先生写的是"讨厌你"。然后，她也在一片叶子上面啃了四个洞，还给了切叶蚁先生，切叶蚁先生以为她在骂他。最后，那个小朋友觉得是因为他们不识字，才导致了误会。我感觉那个小朋友在想：如果我也像他俩这样不识字，等长大了要是也用这样的方法给别人写信，也产生误会怎么办？然后就去写字了。

师：好，你来说。（指向另一个学生）

生：这个故事主要讲的是有个小朋友在写字的时候，写得手有点酸了，就发了一会儿呆。然后，有一个切叶蚁先生把她叫过去，说他要给毛毛虫小姐写信，"咔、咔、咔"在一片叶子上面咬了三个洞，让她交给毛毛虫小姐。由于毛毛虫小姐不认识他写的字，以为他写的是"讨厌你"，于是她也拿一片叶子咬了四个洞，切叶蚁先生也不认得她的字，以为她在骂他，他俩就闹不和了。那个小朋友认为切叶蚁先生和毛毛虫小姐是因为都不会写字才产生误会的，最后，她又回去写字了。作者通过这个故事想告诉我们，要好好学汉字，将来如果不识字的话，别人会不理解我们的。

师：好，下一位同学。（示意另一位学生）你就直接说第二个问题就行了。

生：我觉得作者通过这个故事，想告诉我们一定要好好写字，要不然长大不会写字，别人会误会我们骂他们，或者是不理解我们的意思。

师：好，我们用掌声感谢一下他们三个。其实，作为五年级的学生，在说这个故事讲了什么的时候，不一定要把整个故事复述出来，因为大家已经都看了这个故事，我们只要把主要内容说出来就可以了。重点是说说你读完故事后的感受。我相信大家的意见都是一致的，这本书是劝大家——

生：好好写字。

3. 介绍这本书的创作

师：其实这本书源自这样一首儿童诗（切换 PPT），是方素贞女士创作的。

不学写字有坏处

小虫写信给蚂蚁
他在叶子上
咬了三个洞
表示我想你
蚂蚁收到他的信
也在叶子上
咬了三个洞
表示看不懂
小虫不知道蚂蚁的意思
蚂蚁不知道小虫的想念
怎么办呢？

师：怎么办呢？要学会写字，所以就有了这个故事。

三、阅读深入：读《仓颉造字》，回答问题

师：汉字特指中国的文字，有一个发展的过程。那大家知道传说中

汉字是谁造的吗？

生：仓颉。

师：对，你们都知道，那么下一本书我们要读《仓颉造字》。

1. 读故事，猜情节

师：我们来看这个故事。（切换 PPT）

四千多年前，黄帝成为华夏部落联盟的首领。仓颉因为聪明能干，被黄帝选为史官，负责记录联盟中的大事小事。那时，还没有发明文字，更没有纸和笔，人们用堆石块的方法来记事。但是事情多了，石堆乱了，记录就不准确了。于是，人们又发明了在绳子上打结的记事方法。绳结的不同系法代表不同的事情。然而，事情越来越多，结绳的方法也不够用了。这时，仓颉又有了一个新发明，他把一些小物件，例如贝壳，系到绳结里，增加了结绳记事的准确性。这个进步让仓颉很高兴。

师：下面会发生什么呢？谁来预测一下？

生：仓颉发明的这种方法也不够用了。

师：好，我们继续看。（切换 PPT 讲述故事）

有一次，黄帝和另一个部落的首领蚩尤约好要商讨边界问题。没想到，仓颉的新记事方法出了错，致使黄帝错过了约定的时间。当黄帝他们到达约定地点时，蚩尤已经离开了。仓颉万分惭愧，虽然黄帝没有责怪他，但他还是辞去官职，立志要找到更好更准确的记事方法。他走遍了山川河流，走过了春夏秋冬，到处寻访智者，却一无所获。一天，仓颉在路上看到一个猎人，好像在低头寻找什么。仓颉很好奇，便问他在找什么。猎人说，他在追捕野猪，如果找到野猪的脚印，就能知道野猪逃向哪里了。地上有好多种动物的脚印，仓颉分辨不出哪些脚印才是野猪的。猎人告诉仓颉："动物的脚印各有不同，我一眼就能看出来。"说完就去追赶野猪了。猎人的话给了仓颉很大的启发。如果能根据每样东西的特征，画成形象的符号，让人们一眼就能认出来，这不就是很好的记事方法吗？仓颉开始仔细地观察周围的事物，创造记事的符号。他用心观察天上的日月星辰，创造出这些符号（教师指着 PPT 上日、月、星、云的图像和符号）。他仔细揣摩地上的飞鸟走兽，创造出这些符号（教师指着 PPT 上羊、人、鸟、犬、马的图像和符号）。他认真比较事物的异同，创造出这些符号（教师指着 PPT 上羊、人、鸟、犬、马的图像和符号）。仓颉把自己创造的符号交给黄帝，黄帝非常高兴，把这些符号命名为“字”，还派他去各部落传授这种记事方法。仓颉除了把造字的方法传授给大家，还鼓励大家一起创造新字。人们创造的字越来越多，仓颉将这些字搜集、整理，又创造出了许多新字。比如用“人”这个字，创造出“从”“众”“休”“仔”“伏”等。他还把造好的字组合在一起，变化出更多的新字（教师指着 PPT 上“夫”“明”“吠”“木”“林”“森”的图像和符号）。字，就这样由华夏族一代一代地传了下去，并不断地扩充。华夏族后来发展成汉族，所以他们使用的字也被称为汉字。汉字是世界上最古老的文字之一，今天我们仍然在使用它。

师：这就是这本书——《仓颉造字》。

2. 小组讨论，回答问题

师：有一个问题要问大家，仓颉有几种造字的方法？现在请小组四人讨论一下，然后到前面来汇报。

(学生讨论。)

师：哪组同学想上来汇报？（一组四名学生上台）

生 1：我觉得有四种。

生 2：我也觉得有四种。

师：(指生 1）那你先说有哪四种。

生 1：第一种是堆石头，第二种是结绳记事，第三种是利用贝壳等小物件增加准确性，第四种是仓颉造字。

师：(指生 2）你有什么要说的？

生 2：我觉得他说的前三种都是不对的，问的是有几种造字的方法，他说的是怎么记事。

师：(指生 2) 听听第三个同学讲得对不对，你当一回裁判。

生 3：我觉得仓颉造字的第一种方法是把贝壳穿在绳子上面，第二种方法是根据一个事物的形态，第三种方法是根据动作，最后一种方法是把这些字组合在一起，创造出新字。

师：(问生 2) 你还有要说的吗？

生 2：我觉得他也说错了。堆石头不是仓颉造字的方法，结绳记事同样也不是，那都是记事的方法。

师：好，你们先请回。有的同学记得清楚，有的同学记得不清楚，我们有必要来回顾一下。刚才已经说了，是造字的方法，不是记事的方法。(切换 PPT) 我们要看造字的方法。第一种方法是什么？是根据事物的形态、形象、形状造字。(切换 PPT) 第二种方法是什么？是根据事物的异同，通过比较创造出字来。(切换 PPT) 那么第三种方法呢？和第二种方法一样吗？不一样，而是通过搜集、整理，又创造了一些新字。比如有一个"人"字，他又把它变成了"从""众""休"这些字。(切换 PPT) 第四种方法是把造好的字组合在一起，变成新的字。一共有几种方法？

生：四种。

师：(切换 PPT) 谁来回答这两个问题？这次只找一名同学，来，你来。

1. 这个故事讲的是什么？

2. 作者通过这个故事，想告诉读者什么？

生：这个故事讲的是华夏时期仓颉造字的过程。作者通过这个故事，想告诉我们应该不断地创新。

师：好，请坐。他的语言非常简洁。这个故事告诉读者要不断创新，汉字有一个演变过程，并且会不断地往前演变。

四、认汉字，体验写故事

1. 认象形汉字

师：(切换 PPT) 这些字谁认识？（学生纷纷举手）好，这三位同学上来，你先来指着这些字试着读一读。

生：(上台指读) 这个字是“日”，这个字是“山”，这个字是“水”，这个字是“森”，这个字是“林”，这个字是“象”。

师：他少说了一个字，哪个字？

生：“鸟”。

师：在哪儿呢？树上这么大一只鸟他都没看到对不对？（学生笑）

2. 创编故事

师：刚才老师有一条读书经验是读别人的故事，创造自己的故事。现在我们来创造一个故事。就根据图上的这些汉字来创造故事。创造故事时要注意三点：第一，故事要有一个主人公，比如仓颉、小珍珠等。第二，故事要有情节变化。什么叫情节变化呢？比如，毛毛虫小姐看到了三个洞，本来是“我错了”的意思，她却认为是“讨厌你”。再如，仓颉本来有个很好的记事方法，结果却出了差错，这就是情节的变化。第三，故事要有一个出人意料的结局，就是结尾要让别人想不到。

师：大家的时间只有三分钟。台上的三位同学就一起商量，待会儿，你们选个代表讲讲你们的故事，台下的同学就写在纸上。开始。

(学生写故事。)

3. 交流故事

师：谁来把自己的故事读给其他同学听？

生：从前有一只小鸟，它十分向往美丽的太阳。可是它飞呀飞，飞到太阳上的时候，太热了，于是它就飞了下来。紧接着它又飞到……（讲了个很长的故事）

师：停，是写了这么多吗？还是后面只是想到的？

生：没写那么多，后面是心里想的。

师：好，第二位同学读。

生：有一天，仓颉走进森林，看着太阳和高山，远远地望见远处的山上有一条河流，突然他感觉到地在震动，回头一看，在西边有一群大象。

师：不错，来，第三位。

生：小珍珠要出去找大象，她先穿过了一片森林，在森林中……

师：好，台上的三位同学选个代表来说一说。

生：在一个阳光明媚的早晨，一片森林中，两只小鸟欢快地飞来飞去，高兴地歌唱。一座挺拔的山峰下有一条清澈见底的小溪，一只大象慢悠悠地走到小溪边喝水。

师：好，咱们来评判一下是台下同学讲的故事好，还是台上同学讲的故事好。

生：台上同学讲的故事好。

师：这如果是一场比赛的话，公平吗？

生：我觉得不公平，因为台上三个同学说说就行，我们要在本上写，没来得及写完整。

师：那不公平的根源是什么呢？

生：台上有三个人一起想，而台下的同学只能自己想。

师：你觉得一打不过三是吗？好，还有吗？

生：我觉得台上三个同学只是说，没有写在本子上，所以说的比较多，故事就更完整。

师：也就是说和写不一样，哪个更难？

生：写。

师：对，你想好了还要把它写出来，那是不是因为难我们就不写了？不是。其实台下三个同学心中都有故事，只是被文字给限制住了。台上的三个同学，谢谢你们，请回到座位上。刚才我们体验了一下写故事，好写吗？不好写。刚才我们用了几个字写的故事？

生：七个。

师：我们用七个字写一个故事，有的同学只达到了前一个要求，有的达到了两个要求。没有人达到第三个要求。（切换 PPT）大家请看，有个人用这些字写了一个故事，这是多少个字？

生：三十六个。

师：一定是算出来的，不是数出来的，是吗？

生：是。

五、阅读深入：读《三十六个字》，对比思考

1. 读《三十六个字》

师：（切换 PPT）我们来看，这一本书的名字叫——

生：《三十六个字》。

师：故事开始。（切换 PPT）第一幅图就是你们刚才写过的七个字。大家一起读。

（教师不断切换 PPT，学生一起朗读。）

清晨，太阳冉冉升起，照亮了青山秀水。森林里热闹起来，小鸟和大象正热情地问好。男子骑着马，越过宽广的田野，穿过茂密的竹林，来到岸边的草地上。河水清澈，马儿在岸边安静地吃着草。森林里，男子用刀砍伐树木，做成了一艘小船。开船喽，他划呀，划呀……燕子在空中飞过，男子开始撒网捕鱼。呼——呼——乌云飘过来了。哗——哗——雨越下越大，打开伞躲一躲吧。忽然，狂风卷起巨浪，掀翻了小船。男子在水中挣扎着爬上一块礁石。他浑身湿漉

漉的，又冷又饿。怎么办呢？生火烤鱼吧。没有了船，怎么上岸呢？哇，热心的乌龟来帮忙了。大乌龟，游啊游，找回船儿不用愁。谢谢你，善良的乌龟，再见！对岸，老虎正在捕猎，鹿和小猪飞快地逃进密林。哎呀，不好，老爷爷摔倒了……老虎扑了过去！在这危急的时刻，男子打开弓射出一箭……老爷爷得救了，他把男子请回了家，还把羊送给他，感谢他的救命之恩。这边，失去了母亲的小老虎正伤心地叫着，男子决定带它回家。带着羊和虎，手捧着鲜花，男子回到了船上。哎呀，太沉了……男子看着花、羊和虎，心想：如果每次只运一个，怎么才能把它们都运过河呢？羊要吃花，虎又要吃羊！对了，先把羊运过岸，接下来，先运虎还是先运花呢？……太阳快落山的时候，他们终于全都到了对岸。马儿早就吃饱了，正等着主人回来呢。骑马回家喽！大象、小鹿、小猪和乌龟都来送行。到家喽！妻子带着儿子出门迎接亲爱的爸爸。小狗朝主人欢快地摇着尾巴，男子高兴地把花献给亲爱的妻子。回到家真好啊！

师：你觉得这个故事结束了吗？没有。（切换 PPT）这个字表示什么意思？

生：房子。

师：房子，念什么？

生：舍（shě）。

师：这是个多音字对吗？你刚才说的是一个音，另一个音是什么？

生：舍（shè）。

师：你觉得在这里它应该读哪个音？

生：舍（shè）。

师：为什么是舍（shè）？

生：因为是回到家里的意思。

师：舍（shè）表示的就是居所、房子，是不是？其实舍（shě）也可以，可以理解为他不舍得离开自己的家。

2. 故事对比，发现不足

师：这个故事和你们的故事比，你们觉得有什么不一样？现在你们思考十秒钟。（停顿）好，请你到前面来说。

生：我觉得这个故事的情节比我们讲的故事有了更多的转折，比如，他还掉到河里去了，我们的故事就比较平淡一些。而且它这个故事的结局也是比较出人意料的。

师：还有想说的吗？

生：这个故事还写了一个男子，我只写了画中的东西，所以不一样。

师：它有主人公。还有吗？

生：我觉得它把里面的象形字写得生动形象，我们写的故事都很死板。还把一些我们没有注意到的字，变成一种画。

师：也就是说，作者把汉字还原成了图画，再根据图画创造了那个事，那个物体，那个人，这样，这个故事就变得生动形象、有感情、有温度了。一个故事一定是有感情、有温度的，只有这样才会让读者永远记住它。所以，以后你们写故事也要做到有感情、有温度，还要有情节的转换和出人意料的结局，这样才更吸引读者。关于这本书，我们其实也应该思考一下：它要告诉我们的是什么？（停顿）它告诉我们字是人创造出来的。它是把具体的事物变成了图画，又变成了字，最后又编成了一个故事。

六、整合思考，积累经验

师：我们现在已经知道每一本书要告诉我们什么了，（切换 PPT）现在把这三本书放在一起，老师想要告诉你们什么？

生：我觉得老师要告诉我们应该好好学写字，如果不会写字的话，就会像第一本书中的切叶蚁先生和毛毛虫小姐那样，被别人误解。

师：你只说了一本书，要三本书放在一起说。

生：老师告诉我们写字应该写好，还要不断地创新，才能将字编成故事。

师：还有要说的吗？

生：我觉得应该好好学写字，因为这些字是仓颉很辛苦才造出来的，还要把字写好，并创造出更多的字。

师：还有吗？

生：我觉得这节课告诉了我们字的重要性。

师：好，请坐。我把这三本书放在一起肯定是有想法的。我给大家留一个作业，大家看。(切换 PPT)

我为什么叫这个名字？

1. 查查自己姓名中“姓”的起源。
2. 查查自己姓名中“名”的来源和含义。
3. 根据以上信息，加上想象，写一篇关于自己姓名的小故事。

师：我想请一位同学来总结一下这节课我们怎么学的，学到了什么。

生：我觉得这几个故事主要讲了汉字在我们现实生活中的重要性，告诉我们要把汉字发扬光大。

师：他说了他自己的想法，特别好。因为我们前面分享的是阅读的两条经验，是老师的经验，现在变成你的经验了吗？阅读是思考的过程吗？

生：是。

师：通过读别人的故事能创造自己的故事吗？

生：能。

师：这样回答太简单了，你们应该用行动来回答。希望阅读当中，你们能不断地思考，这样才能成为有思想的人，这才是阅读真正的意义。

教后反思：

因为是暑假期间，主办方只组织了五年级的学生，所以，这节课是给五年级的学生上的。上完这节课，我自己感觉还不错，因为我让学生积累阅读经验的目标基本达到了。

在互动群里，一位老师提出了一个问题：这节课更应该让几年级学生来上？一位老师回答：二年级。这是一个实际问题，我在上课之前考虑过这个问题，从教师们简短的留言来看，他们是很不满意的，他们认为适合低幼阶段的图画书，不应该拿到五年级来教，先不说现场效果怎样，他们认为这样的定位就是有问题的。

这节课究竟可不可以放在五年级来上呢？我认真思考了这个问题。后来，我有些想通了，我的教学目标是让学生获取阅读经验。“经验”是经历之后的体验。我注重的是“过程”和“体验”，有些道理学生是懂的，但是不经历过程的懂停留在“知”的层面，而不是“行”的层面。

上这节课，我也在问自己，我是否实现了从“学科”到“学生”的转变，是否把“学习”真的变成了一座桥梁，让学生通过学习的过程，学会了阅读。的确，这三本书的内容比较浅显，但是，我没有把教学重点停留在内容上。第一本书，让学生注意如何概括内容；第二本书，让学生注意提取书中的信息并进行整合解释；第三本书，让学生感受到汉字与图画、实物的联系，明确汉字的抽象过程。从内在意义上来说，第一本书旨在让学生感受汉字交流的精确性；第二本书旨在让学生了解汉字的造字规律；第三本书旨在让学生体验汉字是有温度、有感情的。

这节课，2018 年 11 月在北京市通州区贡院小学又上过一次，学生的表现活跃兼具理性可以反映出教学设计的“完美”。我想，教学本身就是有缺憾的，学生不可能完全达到教师所想，“出乎意料”才是教学的“常态”。

第三节
通过阅读学习
——五年级“可能性”主题的数学图画书讨论课教学实录

背景说明：

2016 年 11 月 19 日，应北京教育学院刘琳娜博士的邀请，我在中国农业科学院附属小学执教了数学图画书阅读课。

这节课大概准备了半年时间，但不是说这半年一直在准备这节课，其他的什么都不做。上完《孔子》以后，刘琳娜博士让我上一次数学图画书阅读课，时间在下半年，我一看时间还早，就答应了。但是，作为一名语文老师上数学阅读课，还是有很多挑战的。我就怕数学知识把握不准，影响学生的学习。这节课终于到来了，经过长时间的考虑，我决定上这节“可能性”主题的数学图画书阅读课。

我选择了《猫画被盗事件》和《谁能得到变形金刚》这两本书为阅读材料，并结合了淘宝网“双 11”的数据，让学生对“可能性”“概率”“统计”等概念有一个整体认识，并弄清楚这三者之间的关系。

本节课的教学设计分为以下几个部分：

课前探讨，初步感知可能性；读《猫画被盗事件》，记录信息；读《谁能得到变形金刚》，记录并猜测；统计与生活的联系。

一、课前探讨，初步感知可能性

师：我是一位语文老师，今天我们可能上一节什么课呢？

生：语文课。

师：还有可能上别的课吗？

生：（学生纷纷回答）不可能；有可能。

师：你说。

生：阅读课。

师：阅读课，好，还有猜别的课的吗？你说。

生：我觉得可能是课外拓展课。

师：课外拓展课。还有吗？你来。

生：作文课。

师：可能是作文课，还有可能上什么课？

生：推理课。

师：可能是推理课，还有什么课？

生：经典朗读课。

师：经典朗读课。你们还知道什么课？

生：品社课。

师：你们说了这么多课，上一节课有多种可能性。好，我们现在先开始上课，等到最后，你们可以告诉我到底上的是什么课吗？

生：可以。

二、读《猫画被盗事件》，记录信息

师：上课前我要给大家讲一个故事，我讲的时候，所有同学要用一张纸把它记录下来，任何人不准出声音。我会快速地讲这个故事，能有多快，我就会讲多快。但是你们要记录你们想记录的，最后我们展示一下。这个故事叫《猫画被盗事件》。（边切换 PPT 边讲故事）

早晨，大家发现美术馆内一片狼藉，有着500年历史的猫画不见了踪影。保安吓得不知所措，美术馆馆长气得火冒三丈。

警察局成立了“猫画被盗事件”调查小组，摩卡被任命为组长，他带着调查小组三个组员和一小队警察，开始仔细搜查嫌疑犯留下的痕迹。“请你们一定要找到猫画，拜托啦！”美术馆馆长恳求道。

不久，调查组在美术馆后面的路上发现了一些摩托车的轮胎印，这些痕迹应该是昨天夜里留下的。顺着痕迹走，警察来到了一个分岔路口，左边是1条石头路，右边是1条柏油路。“警察分成2组分头行动，调查小组随后进行实地调查。”摩卡果断地下了命令。

没多久，搜捕嫌疑犯的2组警察又到了分岔路口，走石头路的一组警察前方出现了2条石头路，走柏油路的另一组警察前方有1条泥土路和1条小石子路。“组长，这可怎么办啊？”“还能怎么办？继续分组行动！”根据摩卡的指示，警察分成4组行动。

沿路追踪的4组警察全部到达了路的尽头，他们都被一条小河挡住了去路。每条路的前方各有3座桥，每座桥又各通往一个村庄。“组长，这可怎么办啊？”“还能怎么办，继续分组行动！”这样一来，警察一共分成了12组，他们一共需要搜查12个村庄。

警察分头过了12座桥，进了12个村庄。偷画的嫌疑犯躲到哪儿去了呢？每个村庄的警察都忙着寻找嫌疑犯。

与此同时，调查组的三个组员结束实地调查，回到了办公室，他们终于知道嫌疑犯躲在哪个村庄了。

摩卡联系上搜查当地村庄的警察，问道：“嫌疑犯应该就在你搜查的那个村子里，他们中间，哪家有摩托车？”

“报告组长，第2家和第4家有。”

第2家和第4家各有3个人，一共是6个人，现在6个人中，有一名是嫌疑犯，有6种可能。“组长，第4家的摩托车轮胎上都是泥土。因为嫌疑犯通过了有泥土的路，所以他应该在第4家。”现在3个人中有一名是嫌疑犯，有3种可能。

警察开始调查第 4 家中的 3 个人。“好奇怪啊，那个青年一直在打哈欠，而且眼睛红红的。”警察向摩卡报告。“那个青年就是嫌疑犯！为了盗画，他肯定一夜没睡觉。”听到摩卡的分析，青年一下子便吓得瘫坐在地上。“我……我错了，下次再也不敢了。”

瞧，挂在美术馆墙中央的，不正是那幅威风凛凛的猫画吗？多亏了能干的调查组，它又能与喜爱它的人们打招呼了！

师：好，故事讲完了，最后物归原主了。你们记录下来了吗？我觉得你们记录的方式可能有三种。我列举时，你们不要点头，也不要摇头，因为我还要猜一下学生数量。第一种，是用文字记录的；第二种，是用图画记录的；第三种，既有文字又有图画。我说的对不对？

生：对。

师：好。我现在再预测一下用不同记录方式的学生数量，你们班一共有多少人？

生：36 个。

师：好。现在我来预测一下：有 30 个同学是用文字记录的，有 3 个同学是用图画记录的，有 3 个同学是既用文字又用图画记录的。说的对不对？

生：不知道。

师：那怎样才能知道我说的对不对呢？

生：统计一下。

师：好，统计一下。那么，用图画记录的请举手。图画，用任何的图或表记录的，都算。好，1 个。我错了，我知道我会预测错的。（学生笑）好，用文字记录的请举手（教师数人数），先放下手。既用文字又用图画的，请举手（没有人举手）。那你们看我猜的区间怎么样？我说 30 个同学用文字记录，是不是比较接近？但我的第三种可能竟然没有出现，只出现了几种可能啊？

生：两种。

师：大家实际只用了两种记录方式，我预测有三种。我的预测和大家的实际情况还是有差距的。

师：（PPT 一张接一张展示图画）这就是这本书要给我们讲的内容，大家可以看书中是怎么记录的。看看在写字板上，摩卡是怎么做记录的？是以图和文字结合的方式做的记录，对不对？那么，这就是一个完整的分析图，就是这个案件是怎么发生的，警察是怎么一步一步找到那个嫌疑犯的。这是一个什么图？

生：树形图。

师：好，树形图。你们为什么没有画树形图？是因为我是一个语文老师，你们怕我看不懂吗？不会！好，其实你们应该学习用这种方式来记录信息——画一些图，加一些文字，这样会非常方便！你们都学会了吗？其实挺简单的，是吧？（切换 PPT）这也是一张图，这张图谁能看懂？

生：就是有一个村庄，有 5 户人家，其中 2 户有摩托车。

师：好，他还有一个关键信息没讲。

生：每户人家有 3 个人。

师：每家 3 个人，我们要找的是什么？

生：嫌疑犯。

师：也就是嫌疑人，是不是？我们要找嫌疑人，首先要把范围缩小，不断地缩小。一开始有多少个嫌疑人啊？

生：15 个。

师：15 个，然后再聚焦，再聚焦，（手指着图画一步一步移动）最后抓到那个嫌疑人。其实这个故事很好懂，是吧？这就是刚才我们这本书要讲的可能性。我们从中学习到一种新的记录方式。好，下面又有一本书来了，大家还想记录吗？

生：想。

师：好，我们再练一下，看看能不能把信息记下。

三、读《谁能得到变形金刚》，记录并猜测

师：我这次讲得稍微慢一点，你们可以用自己的方式记录，也可以

用刚才学的方式记录，准备好了吗?

生：准备好了。

师：这个故事的名字叫《谁能得到变形金刚》。(边切换 PPT 边讲述故事)

妈妈买来了变形金刚。我和哥哥高兴得跳起来。但是变形金刚只有一个。“给我，给我，让我先玩。”“不行，这次绝不会让给你！”我和哥哥都紧紧拽着，谁也不肯松手。

“这样吧，我们抛硬币来决定，一面是老爷爷的头像，另一面是数字 100。如果出现了老爷爷的头像，变形金刚就归你玩。”哥哥拿出一枚百元硬币，指着正反面说。“那么如果出现数字的话就是哥哥玩咯。”“是啊！敢不敢玩一下？愿赌服输哦！”哥哥抛了硬币，出现了数字 100，我虽然很懊恼，但也无话可说。没办法，今天出现了数字 100，明天总该会出现老爷爷的头像吧?

第二天一大早，我就把哥哥叫醒。心想，今天变形金刚应该归我了吧。哥哥抛了硬币，又是数字 100。“呜——呜，哥哥欺负我……”为什么还是数字？我号啕大哭起来。妈妈吓得赶紧跑过来，弄明白事情经过后，妈妈说：“你们俩和妈妈，每人抛 10 次硬币，然后看看每人的记录吧。”

我们每人抛了 10 次硬币，我抛出了 5 次老爷爷的头像，妈妈抛出了 4 次，哥哥抛出了 6 次。妈妈指着记录的数据问我：“达达，你看看，当我们抛很多次硬币的时候，是不是出现一次头像后就一定会出现一次数字？”“不会，有时出现的是头像，有时出现的是数字，头像和数字并不是交替出现的。”“所以，达达，哥哥并没有欺负你哦。”

“抛硬币时出现数字和头像的可能性叫概率。那么，抛一次硬币时出现头像的概率是多少呢？”听了妈妈的话，哥哥抢着回答：“要不是头像，就是数字，出现任何一面的可能性都是一半。”“对的！所以，抛硬币时头像出现的概率是$\frac{1}{2}$。”

为了安慰我，妈妈答应带我们去凯利特展览馆。哥哥和我必须先把玩具整理好。桌子下面的积木，鞋柜旁边的玩具剑，饭桌底下的汽车……完成了，散乱的玩具全部收拾好了，向展览馆出发！

刚进展览馆，我们就看到正在举行的“玩骰子，赠贴纸”活动。“只要把骰子掷出1点，就可以得到黄色蝙蝠的贴纸！”我想要那些闪闪发亮的贴纸，决定挑战一下。

“上帝啊，请一定要让1出现。我保证，以后会把玩具收拾得整整齐齐的。”我闭上眼，心里暗暗许愿，然后掷出骰子。啊？怎么会是3呢？“要是我，就不会选择掷骰子。因为这个活动挑战成功的概率太低。”哥哥真是火上浇油的高手。

看到我噘起嘴不高兴，哥哥说：“达达，你知道掷骰子的时候，出现1的概率是多少吗？骰子有6个面，每个面的数字都不同。掷一次骰子，有可能出现数字1、2、3、4、5、6这6种情况。出现1是6种当中的1种，因此概率是$\frac{1}{6}$。”

师：你们改变记录方式了没有？

生：改变了。

师：谁改变了，改成了什么？请举手。

生：改成了图画。

师：能举起来让大家看看吗？

生：我这个还是别让同学看了，比较乱，怕影响大家的思路。（学生笑）

师：有用图画和文字一起来记录的吗？

生：（好多学生答）有。

师：（挨着看过去）好，他改变了，他是这样记录的。你也改变了。好，请大家看这里，这是一张图（切换PPT），这张图对我来说太难了，我看不懂，谁能帮我解读一下，这张图究竟在说什么？

出现 2 是 6 种当中的 1 种，因此概率是$\frac{1}{6}$。

2 出现的概率 = $\frac{1}{6}$

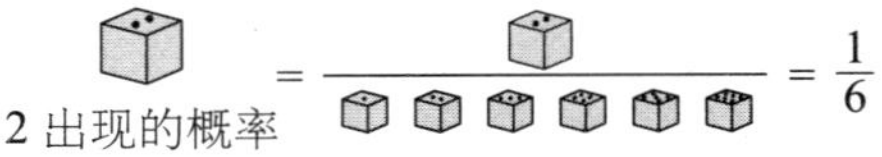

出现 3 是 6 种当中的 1 种，因此概率是$\frac{1}{6}$。

3 出现的概率 = $\frac{1}{6}$

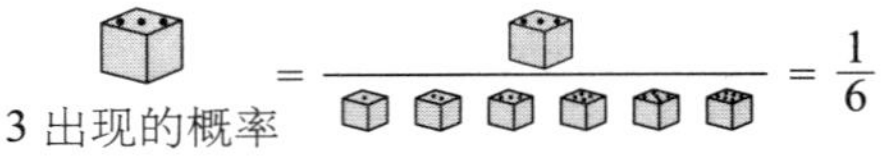

出现 4 是 6 种当中的 1 种，因此概率是$\frac{1}{6}$。

4 出现的概率 = $\frac{1}{6}$

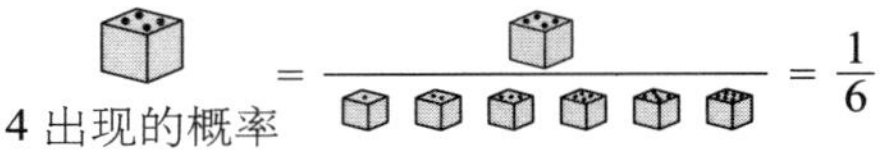

出现 5 是 6 种当中的 1 种，因此概率是$\frac{1}{6}$。

5 出现的概率 = $\frac{1}{6}$

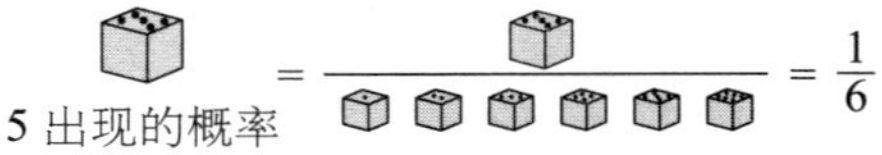

出现 6 是 6 种当中的 1 种，因此概率是$\frac{1}{6}$。

6 出现的概率 = $\frac{1}{6}$

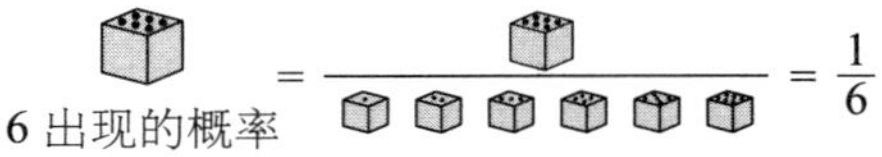

2、3、4、5、6 出现的概率分别是$\frac{1}{6}$，

全部加起来是$\frac{5}{6}$，也就是说 1 不出现的概率是$\frac{5}{6}$。

哥哥说的是对的，1 不出现的概率$\frac{5}{6}$比 1 出现的概率$\frac{1}{6}$大得多。

生：出现点数 2 是 6 个结果当中的一种，也就是概率是$\frac{1}{6}$。下面有标着 1、2、3、4、5、6 个点的 6 个骰子，中间有一条横线，上面 1 个骰子，下 6 上 1，就是$\frac{1}{6}$，其他的是一样的原理，都是用画图和数字结合的方式来表示的。

师：好，把掌声送给他，你们都懂了吗？好，互相在小组里讨论一下，看看谁真懂，谁真不懂。给你们的时间是一分钟。

(学生讨论。)

师：(不久，有生举手表示有补充）这位同学说他有补充，咱们先听听他的补充。

生：刚才那位同学说是通过图画和数字结合得到的结果，但是我的想法和他不一样，我觉得图是用来证明数字的。

师：她说图是用来证明数字的。好，刚刚的两位同学，谁来前面给大家讲一下？其实，这也是一种可能性，一种概率，是不是？大家想让谁来讲就指向谁，他们两个都有被指着的可能，我们要统计一下吗？

生：要。

师：好，看指谁的多，1，2，3，大家开始。好，指陈××的多，还是张××的多？

生：指陈××的多。

师：陈××，你来。大家都不容易，找人来讲还要进行选举。

陈××：(指着图片）先说这个$\frac{1}{6}$的“6”，横线下面的骰子，分别标着1个点、2个点、3个点、4个点、5个点、6个点，它们代表着6个面。然后，$\frac{1}{6}$的“1”，就是指横线上面的2个点的骰子，出现的次数是“1”。上面是“1”，下面是“6”，所以是$\frac{1}{6}$。

师：好，这次大家明白了吗？

生：明白了。

师：好，请回。如果达达前五次分别掷出了2、3、4、5、6这五个数字，那么他第六次一定能掷到“1”，从而得到他想要的东西吗？

生：不一定。

师：怎么不一定啊？你看数字2、3、4、5、6都出现过了，最后一次机会，可不就是1嘛！（有学生举手）好，这位女同学。

生：可能东西还不是他的。

师：为什么？你得说出理由来。

生：最后不一定是数字1啊！

师：那前边五个数字都被掷出来了，剩下的一次不就是数字1了嘛。(女生答不出，有学生举手）好，那位男同学。

生：主要是每个数字出现的概率都是$\frac{1}{6}$，所以有可能不是数字1。我觉得有两种可能，一种可能是会掷到1，因为每个数字都会被轮到一次；一种可能是会掷到 2、3、4、5、6 这几个数字中的任何一个。所以不能说第六次掷完之后一定是数字 1。

师：好，请坐。

生：(站起来补充）骰子掷出的结果是随机的，况且每个数字出现的概率都一样，所以可能是 1，也可能不是 1。

师：好，你们的观点跟我不一样。我说一定是 1，对不对？

生：不对。

师：因为掷一次骰子，6 个面上的数字都可能出现，第六次掷的情况跟前五次一样，只是前五次太过凑巧，差点迷惑了你们，所以第六次可能是 1，也可能不是 1。你们真棒，老师不知道的你们都知道了。我们接着往下进行。(切换 PPT)

“哇，那个就是在《明天你就是飞镖王》漫画里出现的射飞镖游戏！“哥哥，你带我玩好不好？”

射飞镖游戏规则：先选定喜欢的颜色，一旦射中，就能拿到奖品——长臂小猴子娃娃。

飞镖盘一共有 6 个格，红色占了 3 格，蓝色有 2 格，黄色有 1 格。哥哥正在思考：哪种颜色被射中的概率最高？

生：(学生纷纷回答）红色。

师：好，你们都知道，射中红色的概率最高。大家都挑了红色，你觉得他能射中吗？

生：(纷纷回答）可能射中；有可能射不中。

师：有可能射中，也有可能射不中。好，往下看（切换 PPT)。

意外的是，我扔出的飞镖没有射中红色格，而是落到黄色格里了。“哥哥！好奇怪啊，为什么飞镖射到概率最低的黄色格里去了？”“概率不会保证你百分之百成功。”“什么意思啊？”

师：概率不会保证百分之百成功，是什么意思啊？

生：我觉得这句话的意思是概率高的射中的机会多，但运气不好的时候，也可能射到别的地方去。

师：所以达达最后没射中。

生：概率高，指射中红色格子的机会多，但是还有一点点可能会射到别的格子上。

师：概率高，说明可能性大；概率小，说明可能性小，但不是没有可能。同学们刚才想的是对的，概率是某件事发生的可能性，概率低的事情也会发生。（切换 PPT）

变形金刚，黄色蝙蝠的贴纸，长臂小猴子娃娃都不属于我，真沮丧，为什么在我的身上总是发生一些概率低的事情呢？

师：为什么？

生：运气。

师：因为运气不好，概率低的事情在他身上发生了。接下来，他又到了另一个场所，你们觉得他会成功吗？

生：会。

师：应该是可能成功，也有可能怎么样？

生：不成功。

师：（切换 PPT）我们来看看。

啊，那里也有变形金刚！装扮成变形金刚的大叔正在给孩子们发玩具剑。他大声吆喝着："快来参加抛箱子游戏吧！如果比赛获胜，我们就会送给他这个超大的变形金刚。"

师：我们现在来想一下，抛箱子游戏的规则可能是什么？现在给每个小组一分钟时间讨论规则。设计这个规则之前，要先想一下箱子可能是什么样的。你说的时候得告诉大家你设计了一个什么样子的箱子，规则是什么。

（学生讨论、设计。）

师：好，哪一组上来说一下你们的设计？

生（第一组）：我们组设计的这个箱子可以是正方形或长方形的。我们组设计的规则是给箱子的一面涂上一个颜色，如果抛出去，有颜色的面朝上的话，他就中奖了。

师：下面的同学可以提问题，要提问题的同学请举手。

生（台下）：如果是正方形的箱子，只有一个角着地，那到底算哪个面啊？

生（第一组）：一个角是着地的话，它是立不住的，不存在哪一面的问题。

生（台下）：我想问的是，如果只有一个面涂上颜色的话，那——

生（第一组）：多个面涂颜色。

师：同伴来做补充。

生（第一组）：箱子每个面都涂上不同的颜色，规则是你指定颜色，然后抛，若抛出你指定的那个颜色，你就中奖。

师：好，请你们回到座位上。一会儿我们再来表达我们的建议啊。下一组。

生（第二组）：我们组设计的是假如有 3 个球和 3 个箱子，要把球投进箱子里。3 个球和 3 个箱子的颜色是对应的。比如，第 1 个箱子是红色的，只能投红色球；第 2 个箱子是蓝色的，只能投蓝色球；第 3 个箱子是黑色的，只能投黑色球。每个球都可投 10 次，最后谁投进去且投正确的次数多，谁就得到变形金刚。

师：台下的同学有什么问题要提问吗？

生（台下）：不是抛箱子吗？为什么要扔球啊？

师：（转向第二组学生）好，你们组有补充吗？

生（第二组）：抛箱子，也可以是把球抛进箱子里啊！

生（台下）：游戏是抛箱子，你们组设计的不是抛箱子，是抛球。

师：好，请坐，抛球就是抛球，抛箱子就是抛箱子，对不对？

师：（第二组学生举手）好，你说。

生（第二组）：把球换成小箱子，就是用大的箱子装小的箱子。

师：就是把小箱子投进大箱子里，是这个意思吗？

生（第二组）：嗯。

师：那规则是什么呢？

生（第二组）：还是之前那个规则。

师：明白了，就是颜色要对应。好，还有其他组要说吗？

生（第三组）：我们组设计的是正方形的箱子，规则有一定难度，就是抛后颜色都一样才能得到变形金刚。

师：台下的同学有什么问题要问吗？

生（台下）：箱子的每一个面都是一样的，你怎么知道他抛出的是哪一面呢？

生（第三组）：箱子6个面分别涂上红、黄、绿、青、蓝、紫六种颜色。给你5次机会，这5次扔出的颜色是一样的，那你就能得到变形金刚。

师：再给其他同学一次提问的机会。

生（台下）：成功的概率也太小了吧！ 5次都是一样的颜色基本不会有人得到变形金刚的。

师：中奖概率太小，别人还会玩你这个游戏吗？你还能挣到钱吗？（台下有学生举手）好，你来说。

生（台下）：我可以帮他。不是有5次机会嘛，有3次颜色一样就可以了。

师：好，请大家坐好。（面向第三组学生）你们设计这个方案的时候，考虑到它的可能性了吗？

生（第三组）：考虑到了。

师：可能性是大还是小？

生（第三组）：小。

师：那你们刚才是想让达达小朋友得到这个玩具，还是得不到？

生（第三组）：得到。

师：得到，所以你们应该让这个游戏成功的可能性大一点，但是你们的这个设计规则会让达达几乎——

生（第三组）：得不到变形金刚。

师：好，你们请回。下面我们来看，这个游戏到底是怎么设计的（切换 PPT）。看完以后，到前面来讲一下。

师：现在有几个同学举手了，来讲一讲。

生：有一个问题，虽然 2 个宽面的面积大，但是窄面有 4 个，数量多，成功的概率就高。

师：她评论了一下这个规则。我是想让看懂了这个规则的来给大家讲一下。（指向另一个学生）

生：盒子有 6 个面，2 个面特别宽，4 个面比较窄，只要扔出去箱子后，那 4 个窄面中有一面着地立起来就算赢了。

师：是个长方形箱子，对不对？有 2 个面积比较大的面是宽面，有 4 个面积比较小的面是窄面，这时我们的数学语言要精确——宽面和窄面。你们都看懂了吧？那你们现在觉得他会得到变形金刚吗？

生：（纷纷回答）会；不会。

师：（切换 PPT）我们接着看。

终于轮到我了！哇！我的天哪！箱子窄面着地稳稳地立着。原本以为今天的运气糟透了，没想到概率竟然也帮了我一回。我终于得到梦寐以求的变形金刚啦。

师：你们想说什么吗？

生：我觉得他好厉害啊。

生：他突然运气变好了很多。

师：好，大家想一想，达达前面几次都做了什么？第一次是抛硬币。第二次是干什么？掷骰子。第三次呢？抛箱子。还有吗？没有别的了是吗？扔飞镖，你们都忘了吧？扔飞镖他选的什么颜色？

生：红色。

师：红色本来是概率高一点的，结果怎么样？

生：扔到了黄色。

师：对，他扔到了概率低的颜色。那这次抛箱子呢？

生：窄面概率高。

师：这一次窄面概率高，他中奖了。所以说这个故事是关于什么的？

生：(一起回答）概率。

四、统计与生活的联系

师：刚才我们讲了两个故事，相信现在你们都有很多收获了。下面我问大家一个问题："双 11"你们家购物了吗？

生：(纷纷回答）购物了；没有。

师：你们家没有购物是吧？嗯，我也没有购物。我们来看一下（切换 PPT)，这是淘宝天猫"双 11"的数据（见下页)。

师：谁来说一下，你看到了什么？天猫一天（24 小时）的销售额是——

生：1207 亿。

淘宝天猫双11 天猫成交额变化图

00:00 1207亿

时间	成交额	时间	成交额
00:01	10亿	13:00	841亿
00:02	20亿	14:00	873亿
00:07	100亿	14:54	900亿
00:21	240亿	15:19	912亿
00:33	290亿	16:00	930亿
00:43	320亿	16:22	940亿
01:00	353亿	18:55	1000亿
01:21	450亿	22:12	1111亿
02:00	486亿	23:10	1157亿
10:00	721亿	24:00	1207亿
11:00	769亿		
12:00	807亿		

2016年淘宝天猫双11总销售额

截至24:00：00，2016年天猫双11全天交易额1207亿，无线成交占比82%。

历年淘宝天猫双十一总销售额：

2009年：5200万元

2010年：9.36亿元

2011年：52亿元

2012年：191亿元

2013年：362亿元

2014年：571亿元

2015年：912亿元

（此数据来自网络）

师：对，这是它的成交额。右边你们看到了什么？这是从2009年到2015年，每年“双11”的销售额。第一年是多少？ 5200万元，到2015年是912亿元，一直到今年的1207亿元，其中无线成交占比82%。这也是一种概念，对不对？这还只是一个电商的销售额，还不包括其他的电商。大家有什么感受？

生：好多。

师：这么多。（切换PPT）这张图你们能不能看懂？刚才说的是销售额，这张图呢？

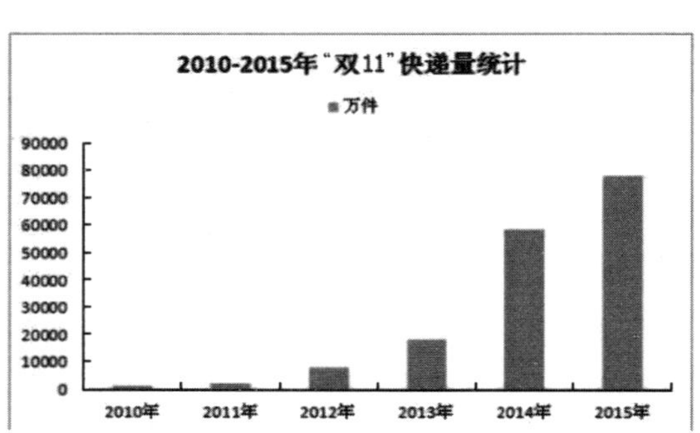

2010年“双11”快递仅为1000万件；2011年就翻了一倍达2200余万件；2012年，包裹量翻了逾三倍达7800余万件。2013年开始，“双11”产生的包裹量便进入以亿计量的阶段，2013年为1.8亿件。2014年则至5.86亿件。2015年“双11”期间（11月11~16日），全行业处理的快件量约达7.8亿件，是历年同期快递量的最高值。

（此数据来自网络）

生：统计。

师：对，统计的什么？

生：快递。

师：快递有多少件，看到了吗？一个大大的数字——

生：6.57 亿件。

师：右边这一张图是 2010 年到 2015 年“双 11”快递量统计图。再看下面这段文字。“全行业”是什么意思？除了天猫还有其他电商也会发出快递。2015 年“双 11”期间，全行业处理的快件量约——

师：7.8 亿件。

师：（切换 PPT）请大家齐读一遍。

生：（齐读）数据显示，2015 年全国快递业使用 30 多亿条编织袋，99.22 亿个包装箱，169.85 亿米胶带，胶带长度可以绕地球赤道 425 圈。

师：（切换 PPT）再读。

生：（齐读）据统计，我国目前快递纸箱回收率不到 20%。除了纸箱之外，快递包装中还有很多无法直接循环利用的包装物，比如制作胶带的主要原料聚氯乙烯（PVC），在土壤中至少要经过 100 年才能自然分解。

师：好，现在你们有什么想说的吗？

生：这太可怕了，100 年才能分解。

生：这太浪费材料了。

生：而且还浪费钱。

生：好浪费材料，好浪费生命。

生：我感觉我们不应该在网上购物，这样就不会用这么多胶带了。如果你要买衣服的话，直接去店里看更方便。

师：好，大家已经把它延伸到生活中了。这些感受是什么带给我们的？

生：数据。

师：对，是数据统计带给我们的。如果没有这些数据的统计，我们会有这些感受吗？

生：没有。

师：所以说，统计数据对指导我们的生活是很有用的。下面我们来看一下和这节课相关的三个词（切换 PPT）——可能性、概率、统计。给大家一分钟的时间，用一句话写下这三者之间的关系。

（学生书写。）

师：谁写出它们三个之间的关系了？读给大家听一听。如果画个箭头的话，应该怎么画？谁到前面来画一下？好，那位男同学。

（学生在黑板上画。）

师：对，就这样，下面没法再画了对吗？好，请回。那个男同学，你举手了，有什么问题？

生：老师我觉得他画的是不对的，如果这样画的话不就绕回去了吗？成循环的了。

师：你用不同颜色的笔来画你的。画完后讲讲你为什么这么画。

生：（画完后）由可能性能推出概率，通过统计也能得到概率，而可能性和统计之间我觉得应该是没有箭头的。

师：没有箭头，他觉得可能性和统计之间没有关系。

生：我反对，我觉得可能性和统计之间应该有关系。

师：你觉得二者之间有关系，你的理由是什么？

生：我的理由是，先从可能性开始，可能性当中是有概率的，然后统计当中也是有一些概率的，而统计会对可能性的判断有一定的影响。

师：还有不同的理解吗？我们这节课内容比较多，讲了可能性、概率，还有统计，大家有一些自己的认识了。最后我们可以得出这样的基本结论，就是这三者之间有一定的联系。究竟是谁先谁后，或者是谁决定谁，谁证明谁，你们可能一下子还说不清楚。但是，通过以后的阅读和学习，大家对可能性、概率、统计的作用，会认识得越来越清楚，我希望大家带着问题来结束这节课。感兴趣的同学，可以继续研究关于网购、关于包装、关于数据的问题。

师：好，这节课就上到这里，下课。

教后反思：

这是一节通过阅读锻炼数学思维的课，也是我第一次执教数学阅读课，过去都是跟数学老师一起进行设计，然后看他们上课，最后才讨论课的设计与效果。

一个小时的时间，他们学习了记录信息、根据信息直接推论、结合实际讨论统计的意义，并且能够对数据有所反应，认识到快递行业便利背后的环境污染问题。这节课上完以后，从学生的反应来看，教学效果还不错。

两本图画书只是载体，学习的目标没有停留在故事本身，也没有停留在“可能性”和“概率”的概念总结上，而是让学生的思维有所发展。

所有的学习都是为了生活。生活中的数学除了加减乘除，还应该有什么？我就想到了刚刚过去的“双11”，方便快捷的背后，是人的能力的下降，大家节省的时间并没有用来发展自己，而是把这些时间耗费在浏览网页上。于是，我查询了一些相关数据，但是这些数据并不能说明因这个社会问题而暴露的环保问题，于是我就进行转向，让学生对快递包装带来的环保问题进行了思考。

这节课是数学阅读课，体现了数学的记录方式、表达方式，但又不是完全意义上的数学阅读，因为还指向了生活中的统计。这样就建立了数学与生活之间的联系，其实，也建立了学生与阅读之间的联系。

每个人都要通过阅读去学习，这是阅读素养中很重要的一项。我希望通过这节课的学习，学生能够有意识、有能力以阅读的方式来进行学习。

本章小结

要点提炼

1. 我希望学生以后的阅读能弱化学科意识，真正去思考一本书究竟能带给自己什么。其实，所有的阅读不都是这样的吗？只是学校的学科教学为阅读设置了很多壁垒而已！

2. 多学科视域，就是要多学科分化与整合，可以分化，但是必须整合。

3. 我注重的是“过程”和“体验”，有些道理学生是懂的，但是不经历过程的懂停留在“知”的层面，而不是“行”的层面。

4. 两本图画书只是载体，学习的目标没有停留在故事本身，也没有停留在“可能性”和“概率”的概念总结上，而是让学生的思维有所发展。

阅读思考

一、你认为把几本书放在一起让学生交流讨论，这样做的利弊分别是什么？

二、几本书和一本书的交流讨论的重点有什么相同点与不同点？

三、你从这三个案例发现了哪些教阅读的策略或者方法？

阅读行动

综合以上思考，请你进行几本书组合的教学设计。

__________课教学设计

——《　　　》《　　　》《　　　》教学

一、课型设定

二、内容解读

三、教学设计

（一）教学目标

1.

2.

3.

（二）教学过程

1.

2.

3.

（三）教学工具

1.

2.

3.

附录 APPENDIX

教师阅读书目 50 本

书　名	作者（译者）	出版社
朱子读书法	朱熹著 李孝国、董立平译注	天津社会科学出版社
我们怎样读书	范寿康编	当代中国出版社
怎样读古书	胡怀琛著	中华书局
读书的方法与经验	王任叔著	生活·读书·新知 三联书店
读书指南	梁启超著	中华书局
文学的阅读	洪子诚著	北京出版社
阅读心理学	白学军、闫国利等著	华东师范大学出版社
曾祥芹文选（中卷）： 汉文阅读学研究	曾祥芹著	高等教育出版社
促进学习的阅读评估	祝新华著	人民教育出版社
提升儿童阅读能力 到世界前列	郑国民、谢锡金编著	北京师范大学出版社
阅读史	（加）阿尔维托·曼谷埃尔著 吴昌杰译	商务印书馆

续 表

书　名	作者（译者）	出版社
阅读的历史	（新西兰）费希尔著 李瑞林等译	商务印书馆
让孩子着迷的 101 本书	阿甲、萝卜探长著	新疆青少年出版社
世界图画书阅读与经典	彭懿著	接力出版社
观赏图画书中的图画	（美）珍·杜南著 宋珮译	新疆青少年出版社
我的图画书论	（日）松居直著 王林选编 郭雯霞、徐小洁译	新疆青少年出版社
感动大人的图画书	（日）柳田邦男著 王志庚译	广西师范大学出版社
如何阅读一本书	（美）艾德勒、范多伦著 郝明义、朱衣译	商务印书馆
朗读手册	（美）崔利斯著 陈冰译	新星出版社
书语者： 如何激发孩子的阅读潜能	（美）唐娜琳·米勒著 关睿、石东译	新疆青少年出版社
如何阅读不同的文本 （第 2 版）	（英）尼尔·麦考著 苏新连译	商务印书馆
说来听听： 儿童、阅读与讨论	（英）钱伯斯著 蔡宜容译	北京联合出版公司
帮助你的孩子爱上阅读	（英）爱丽森·戴维著 宋苗译	北京联合出版公司
阅读力： 文学作品的阅读策略	（加）阿德丽安·吉尔著 岳坤译	接力出版社
宛如一部小说	（法）佩纳克著 赵爽爽译	上海文艺出版社

续 表

书 名	作者（译者）	出版社
为什么读书： 毫无用处的万能文学手册	（法）夏尔·丹齐格著 阎雪梅译	广西师范大学出版社
深阅读：信息爆炸时代 我们如何读书	（日）斋藤孝著 程亮译	江西人民出版社
阅读整理学	（日）外山滋比古著 吕美女译	北京联合出版公司
童话心理学	（日）河合隼雄著 赵仲明译	南海出版公司
教会学生阅读：策略篇	（美）坦珂斯莉著 王琼常、古永辉译	教育科学出版社
教会学生阅读：方法篇	（美）沃恩、汤普森著 顿祖纯译	教育科学出版社
美国学生阅读技能训练	（美）珍妮佛·塞拉瓦洛著 刘静、高婧娴译	北京科学技术出版社
读书会的 75 个 阅读作战法	（西）蒙瑟拉·纱尔朵著 周姚萍译	北京联合出版公司
快速阅读	（英）东尼·博赞著 卜煜婷译	化学工业出版社
小学语文 儿童文学教学法	朱自强著	二十一世纪出版社集团
中国当代阅读理论 与阅读教学	韩雪屏著	四川教育出版社
传统文学教育的 现代启示	陈雪虎著	广东教育出版社
清末民国儿童文学 教育发展史论	张心科著	北京师范大学出版社
童书玩转语文课堂	王林、胡冬梅主编	新蕾出版社

续 表

书　名	作者（译者）	出版社
让学生学会阅读：群文阅读这样做	蒋军晶著	中国人民大学出版社
故事、儿童和作家的秘密：走近儿童阅读	周益民编著	中国轻工业出版社
童年不可错过的文学课	张祖庆著	二十一世纪出版社集团
绘本的魔力：让儿童爱上写作	何捷著	江苏凤凰科学技术出版社
彩色的阅读教室	周其星著	北京师范大学出版社
打开童书学语文：童书读写联结的研究与实践	王鸿著	浙江少年儿童出版社
绘本的读写游戏	林美琴著	新疆青少年出版社
书册阅读教学现场	吴欣歆、许艳主编	教育科学出版社
小学语文整本书分类阅读教学研究	王小毅主编	重庆出版社
整本书阅读教学工作坊	蒋雁鸣主编	湖南教育出版社
全世界都想上的课——传奇教师桥本武的奇迹教室	（日）黑岩祐治著 王军译	教育科学出版社

为什么是“读整本书”

“读整本书”与“整本书阅读”有什么区别？许多研究者和一线教师都会问我这个问题。我也认真地思考过，二者的含义看起来是没有区别的，只是颠倒了语序，表达方式不同而已。但是，维特根斯坦说过：“我的语言的界限意味着我的世界的界限。”表述方式的不同，实际上投射的是思维方式的不同，透露出重点强调的不同。

读整本书历史悠久，自孔子设坛讲学以来，整本书就是中国传统教育的主体教材。南朝梁太子萧统组织文人编选《昭明文选》后，才出现文选型读本。以“四书五经”为主体的教材体系是中国传统教育的主要凭借。

读整本书的“整”，有“整个”“整全”“完整”之义，整本书可以提供完整的阅读情境，有利于学生整合思维的发展。这和我国重整体、重感悟的思维方式是吻合的。

从关注阅读内容到关注阅读经验、策略、能力再到关注阅读素养，读整本书教学不同于课文教学，也不同于语文教学。从教文变为教人，是读整本书教学的终极意义。学生读的书越多，获得的意义就越多。阅读是思考的过程，书籍是一面镜子，我希望学生能够从不同的角色和作者身上看到自己，然后向着这个清晰的“自己”不断前行。因为有了一个个具体的“人”的指引，学生的人生之路便是有陪伴的，有温情的，他们会不断向前。

本书共分为六章。

第一章，从选书、指导、评价等方面对读整本书的一些基本原则进行了探讨，结合我个人的经验，给读者一些启发。

第二章，对读整本书教学的方式和课型进行了细化，以《长袜子皮皮》为例，说明如何进行整本书的教学设计，试图从教学准备的角度，给读者一个大的框架体系，同时给出设计的步骤。

第三章、第四章、第五章、第六章，分四类再现了12个课例。每个课例再现教学现场，完整呈现教学全过程，并通过“背景说明”交代了课例的缘起和主要结构，通过“教后反思”集中写出了教后感受。

这些课例读完以后，相信您一定发现了一个所谓的读书讨论课的套路。课的开始先跟学生讨论书和读书经验；然后读书，进行猜想和推测；接着聚焦故事中的人物、细节、情节等对主题进行多角度探讨；最后总结一下读书过程，交流获得了哪些读书经验。

一本书的出版总是很多人努力的结果。感谢朱永新先生、林文宝先生、王林先生为本书作了序言。2003年7月认识了朱老师，朱老师认识我则是在2007年10月。朱老师是新教育的倡导者，非常重视阅读在校园中的推广。我参加了朱老师主持的“中国人阅读书目”的研制工作，多次听到朱老师关于阅读的真知灼见，深受启发。2006年4月认识了林老师，之后多次向林老师请教，他每次来都带着有关阅读的书籍，一是要我学习，二是要我努力，把阅读的理论和实践进行下去。我也曾多次接受林老师的耳提面命，探讨关于阅读的问题。2002年便认识了王老师，2005年12月王老师主导了我所在的德州跃华学校的“全国首届班级读书会研讨活动”。之后，在阅读的路上，不断指引我，帮助我。良师益友，从来都是一个人成长中最重要的人，再次感谢他们对我的引领与扶持。

教学实录的转录是一件非常烦琐的工作，转录以后的修改是一项非常细致的工作。感谢李萌、董晓舒、柳雪姣等老师帮我细致整理、删改实录稿。感谢田艳姣、刘师恩、蔡亚飞、李峥、雷潇、周宇等老师在实习期间帮我转录文字。这些年轻教师的辛勤努力，一直激励着我不断前行。

今天，终于得偿所愿，把对读整本书教学的一些思考和实践呈现在读者面前。恳请大家批评指正。

李怀源

2019 年 9 月 10 日